本书为广东省高等教育学会“十四五”规划课题“中华优秀传统文化与高职院校专业课程深度融合的实践与研究”（编号22GYB173）成果

中华优秀传统文化教育活动设计

潮 汕 节 日 文 化

主　编　黄春梅　谢润姿

副主编　何旭珊　邱欢欢　张雅茹

　　　　姚梦琳　林史可

广东高等教育出版社
Guangdong Higher Education Press
·广州·

内 容 简 介

本书以我国传统节日为主线，结合地域文化介绍潮汕地区过节的传统习俗及应节食品，并精选历代诗人描写节日和过节习俗的诗歌，读者通过对古诗词的吟诵和赏读，一方面接受传统诗词文化的熏陶，另一个方面也可以了解古人是如何过节的，从而更深入地了解节日习俗的传承与演变。另外，本书还充分挖掘优秀传统文化教学资源，根据每个节日的不同文化因素，设计了若干个多领域教学活动，作为优秀文化传承与创新的实践操作示范。

本书可作“中华优秀传统文化”课程的教学用书，学校开展优秀传统文化活动的参考用书，也可作为文化爱好者的参考读物。

图书在版编目（CIP）数据

中华优秀传统文化教育活动设计：潮汕节日文化/黄春梅，谢润姿主编. —广州：广东高等教育出版社，2022. 9

ISBN 978-7-5361-7296-8

Ⅰ. ①中… Ⅱ. ①黄… ②谢… Ⅲ. ①节日－风俗习惯－中国－学前教育－教学参考资料 Ⅳ. ① G613.3

中国版本图书馆 CIP 数据核字（2022）第 151217 号

ZHONGHUA YOUXIU CHUANTONG WENHUA JIAOYU HUODONG SHEJI：CHAOSHAN JIERI WENHUA

出版发行	广东高等教育出版社 地址：广州市天河区林和西横路 邮编：510500　营销电话：（020）87553335 网址：www.gdgjs.com.cn
印　刷	广东鹏腾宇文化创新有限公司
开　本	787 mm × 1092 mm　1/16
印　张	13
字　数	305 千
版　次	2022 年 9 月第 1 版
印　次	2022 年 9 月第 1 次印刷
定　价	58.00 元

前言

文化是一个国家、一个民族的精神家园，体现着国家与民族的价值取向、道德规范、思想风貌及行为特征。中华文明是四大古文明中唯一没有中断的文明，中华民族在长期生产生活实践中形成的优秀传统文化，为中华民族的生息、发展和壮大提供了丰厚的精神滋养。中华优秀传统文化是中华五千年文明的结晶，是中华民族的独特标识。党的十八大以来，习近平总书记围绕文化自信做出一系列重要论述，强调“坚持文化自信是更基础、更广泛、更深厚的自信，是更基本、更深沉、更持久的力量”。传统文化不仅是历史上中华民族战胜种种艰难险阻而薪火相传的伟大精神瑰宝，也是实现民族伟大复兴中国梦的重要精神支撑。2017年1月，中共中央办公厅、国务院办公厅印发《关于实施中华优秀传统文化传承发展工程的意见》明确指出学校传统文化教育的重要使命和责任担当。教育部《完善中华优秀传统文化教育指导纲要》则提出“把中华优秀传统文化教育系统融入课程和教材体系”。此后，各级各类学校纷纷响应传承和弘扬中华优秀传统文化的号召，开设了传统文化相关课程。

编者在多年的传统文化一线教育工作过程中发现，中华优秀传统文化博大精深，内容广泛，影响着人们生活的方方面面，但具体如何讲清楚中华文化积淀着的深厚民族精神，如何讲清楚中华优秀传统文化对民族生生不息、发展壮大的丰厚滋养，如何更好地提高学生“对中华优秀传统文化的自主学习和探究能力”，很多教师在教学中总是感觉无从下手。在生活中我们发现，我国传统节日文化根植于传统文化之中，是中国优秀传统文化的突出代表，凝结着中华民族的精神和情感，承载着文化血脉和思想精华。传统节日文化对每个中国人而言都有着重要的影响和无尽的滋养，其丰富多彩的文化内涵与符号仪式蕴含着传统的艺术色彩与审美情趣。随着我国经济社会的发展和人民群众物质文化需要的内涵和领域不断扩大，传统节日文化越来越受到重视。有鉴于此，我们从中华传统文化中的节日文化入手，编写了这本《中华优秀传统文化教育活动设计——潮汕节日文化》，让读者在可知可感的节日氛围中了解传统文化、学习传统文化、传承传统文化。

全书的编写以我国传统节日为主线，将中华传统文化和潮汕地方文化有机融合，充分挖掘地方优秀传统文化教学资源，以主题为单位，针对幼儿园教学特点，以幼儿喜闻乐见的形式，设计相应主题的集体教学活动案例，实现理论性、实践性和可操作性的有效融合。全书共分7章，每章又分4节，具有文化因素介绍全面、地域特色鲜明、民俗与诗词结合、实践案例可操作性强等特点。

1. **文化因素介绍全面。**每章的第一节介绍该传统节日的由来和习俗，包括节气特点、历史传说等，全面介绍节日文化，便于读者把握节日的文化因素，更好地理解传统节日中所蕴含的民族精神和民族情感。

2. **地域特色鲜明。**每章的第二节结合地域文化介绍潮汕过节的传统习俗。潮汕文化底蕴深厚、历史悠久，其岁时节令习俗既远承中原优秀传统文化，又具有独特的地域文化特点，是中原文化、本土文化和舶来文化的融合物。本着“古为今用、推陈出新，有鉴别地加以对待，有扬弃地予以继承”①的原则，我们主要介绍潮汕文化中有益儿童身心健康发展的优秀传统文化。

3. **民俗与诗词结合。**每章的第三节主要选择历代诗人中吟咏该节日的代表性诗歌，选择侧重对节日文化的描写和过节习俗的重现，目的是让读者通过对古诗词的吟诵和赏读，接受传统诗词文化的熏陶，也可以了解古人的过节方式，从而更深入地了解节日习俗的传承与演变。

4. **实践案例可操作性强。**每章的第四节是关于该节日的教学活动设计。这部分是本书的重点及亮点。我们针对目前学前、中小学传统文化教学中难以实践、实操等问题，从社会、健康、艺术、语言、科学等领域编写了体现节日文化要素和弘扬民族精神的教学活动设计。本节的活动设计目标明确，极具可操作性。

本书是揭阳职业技术学院学前教育专业“幼儿园活动设计与指导”“中华优秀传统文化”课程的教学成果，教学中通过“优秀传统文化主题任务驱动”的方式，使学生自主学习，主动探究和思考优秀传统文化与专业作业、设计的有机融合，实现由“理论—实践”以及“学—做”的转换。本书的编写分工如下：黄春梅、谢润姿负责全书的统筹规划、前言撰写以及各章的第一、第二、第三节的编写；各章第四节的案例由何旭珊、张雅茹、邱欢欢、姚梦琳、林史可编写，黄春梅、谢润姿审定修改。

本书在编写过程中查阅、引用和参考了大量的潮汕民俗文化学者的研究资料和网络资料、图片，在此特别表示感谢。

由于时间仓促及编者的水平所限，本书肯定还存在许多不足之处，欢迎广大读者向我们提出宝贵的意见。

编　者

2022年6月20日

① 2013年11月26日习近平总书记在山东考察时的讲话。

目录

第一章

春节

春节，是农历的岁首，过春节也叫过年，是中国最盛大、最热闹、最重要的传统节日，也是中华文明最集中的表现。春节历史悠久，由上古时代岁首祈岁祭祀演变而来，在传承发展中承载了丰厚的历史文化底蕴。新春贺岁活动围绕祭祝祈年以除旧布新、拜神祭祖、驱邪攘灾、祈求丰年等形式展开，内容丰富多彩，热闹喜庆，凝聚着中华文明的传统文化精华。如何庆贺这个节日，在千百年的历史发展中，形成了一些较为固定的风俗习惯，有许多还相传至今。如我国的汉族和大多数少数民族，仍然以祭祀神佛、祭奠祖先、除旧布新、迎禧接福、祈求丰年为主要内容来庆祝这个传统节日。

第一节 春节的传说和习俗

一、春节的传说

传说在远古时候，我们的祖先曾遭受一种最凶猛的野兽的威胁，这种野兽叫作“年”。“年”平时捕食百兽，但是到了冬天，山中食物缺乏，它便会闯入村庄，猎食人和牲畜，令人们惶惶不可终日。人和“年”斗争了很多年之后发现，“年”怕三种东西：红颜色、火光和响声。于是到了冬天，人们便在自家门上挂上红颜色的桃木板，门口烧火堆，夜里通宵不睡，敲敲打打。这天夜里，“年”又闯进了村庄，但是见到家家有红色和火光，还听见了震天的响声，吓得跑回深山，再也不敢出来了。夜过去了，人们互相祝贺道喜，同时张灯结彩，饮酒摆宴，庆祝胜利。之后，为了纪念这次胜利，每到冬天的这个时间，家家户户都会贴红纸对联于门上，挂灯笼，敲锣打鼓，燃放烟花爆竹。夜里，全家人通宵守夜，到了第二天一早，便互相祝贺道喜。这样的习俗一代代流传下来，成为如今的“过年”。

二、春节的习俗

在民间，传统意义上的春节是指从腊月初八的腊祭或腊月二十三或二十四的祭灶，一直到正月十五，其中以除夕和正月初一为高潮。从腊月二十三小年起，人们便开始“忙年”：祭灶、扫尘、购置年货、贴年红、洗头沐浴、张灯结彩等，所有这些活动，都是为了“辞旧迎新”。

祭灶

春节一般是从祭灶揭开序幕的，它是一项在我国民间影响很大、流传极广的习俗。旧时，差不多家家户户灶间都设有“灶王爷”的神位。据《风土记》记载：“腊月二十四日夜，祀灶，谓灶神翌日上天，白一岁事，故先一日祀之。”灶神，又称灶王爷、灶君、灶君司命。传说灶王爷是玉皇大帝封的“九天东厨司命灶王府君”，负责管理各家的灶火。腊月二十五要到天上去向玉皇大帝汇报这一年在人间的见闻，所以纷纷在腊月二十四这天先祭拜灶神，好让灶神多为凡间的人们说好话。

扫尘

新年前夕，民间有“腊月二十四，扫尘（亦称扫屋）”的习俗。民谚称“二十四，扫房子”，也称“扫尘日”。扫尘就是年终大扫除，即家家户户都要打扫环境，清洗各种器具，拆洗被褥窗帘，洒扫六间庭院，掸拂尘垢蛛网，疏浚明渠暗沟。因“尘”与

“陈”谐音，年前扫尘有“除陈布新”的含义。扫尘用意是要把一切穷运、晦气统统扫出门，以祈来年清吉。到了这个日子，家家户户都洋溢着欢欢喜喜搞卫生、干干净净迎新春的欢乐气氛。

办年货

备年货、送年礼同样是全国上下的“过年必备”。置办年货，包括吃的、穿的、戴的、用的、贴的、送的礼物等等，统名曰之“年货”，而把采购年货的过程称之为“办年货”。办年货是中国人过春节的一项重要活动。

贴春联

年廿八、廿九或三十日，家家户户都要“贴年红”。年红，即春联、门神、横批、年画、“福”字等过年时所贴的红色喜庆元素的统称。过年贴春联，是中国传统的过年习俗，既增添了喜庆的节日气氛，又寄予着人们对新年和新生活的美好期盼。

拜年

拜年同样是春节最重要的活动和习俗之一。大年初一的早上，大人小孩都穿上新衣、戴上新帽，走亲访友，相互拜年问好，恭祝新年大吉大利。拜年一般是从自家开始，小辈应先给长辈拜年；外出遇到亲朋好友，彼此笑容满面恭贺新年。

派利是

“利是”亦写作“利市”或“利事”。派利是，利是利是，寓意着一年都能利利是是，大红大紫。“利市”一词早在《易经》中便有记载，有本少利多的意思。元代《俗谚考》亦有“为了吉兆，要向主家讨个利市”的说法，可见“利市”亦有好运的意义。

游神

游神，也是传统贺岁习俗之一，又称游神赛会、年例、迎神、迎年等，是指人们在新年期间或其他喜庆节日里，还有诸神圣诞的这一天，到神庙里将行身神像请进神轿里，然后抬出庙宇游境，接受民众的香火膜拜，寓意神明降落民间，巡视乡里，保佑合境平安，有酬神、消灾、祈福等意。游神沿途伴随有锣鼓、唢呐、神偶、舞狮、舞龙、飘色、标旗、游灯、八音、杂技及乐队演奏等丰富多彩的艺阵表演，是集拜神、祈祷、欢庆、宴客为一体的传统民俗活动。

烧炮（爆）竹

中国民间有“开门炮仗”一说，即在新的一年到来之际，家家户户开门的第一件事就是烧炮（爆）竹，以噼哩啪啦的爆竹声除旧迎新。它的原始目的是为了迎神与驱邪。后来，炮（爆）竹以其强烈的喜庆色彩发展为辞旧迎新的象征符号，同时也成为节日的一种娱乐活动，带给人们欢愉和吉利。但为了保护环境，现代新社会的人们已不再提倡烧爆竹了，若是确实需要，则需有关部门批准，在空旷安全的地方燃放，或者用电子鞭炮代替，减少了对环境的污染。

第二节

潮汕春节习俗

和全国其他地方一样，春节在潮汕地区也是一年中最重要、最盛大的节日。潮汕过年前的准备也包括祭灶、扫尘和置办年货，但真正意义上的“过年”，一般指正月初一到初四这几天。潮汕的过年习俗也体现了浓郁的地方特色。

一、拜年

拜年，又称为“拜正”。正月初一一早，人们起床穿上新衣后，第一件事是自家对拜，往往是后辈先祝福长辈，然后长辈再给后辈晓以期望。早饭后，就各自向自己的亲朋好友拜年。潮汕有俗谚说：“有心拜年初一、二，无心拜年初三、四。”说的是拜年越早越见其诚意。故此，有的人起床后就立刻向亲戚朋友拜年去了，回来后才吃饭。拜年的人，有没有带其他礼物没关系，一对大桔却是必不可少的。大桔就是潮州柑，大桔取其潮汕话的谐音“大吉”，一般拜年带的大桔是一对（两个）或四个，数量绝不能是奇数。拜年者进了亲友的门，应该看不同对象说不同的祝语。对老人祝福“新春如意”“寿比南山”，对有工作的人则说“工作顺利”“新年进步”，对做生意的人祝“新年大赚”“发财利市”，对正在读书的小孩就说“学习进步”“聪明伶俐，快高长大”。落座后，主人会殷勤沏上闻名遐迩的潮汕工夫茶，拿出青橄榄或糖果待客。临走，主人便会在拜年者的礼物中留下两个大桔，然后取出自家大桔交换，俗谓转敬或换吉，意在回敬美好祝愿。

二、回娘家

在潮汕地区，正月初二这天，出嫁的女儿要与夫婿、儿女一起回娘家，给父母拜年，俗称“走仔日”“迎婿日”，这是出嫁女儿孝敬父母的一种表现。这一天，回娘家的女儿必须携带一些糖果，由父母分给邻里乡亲，表示姑娘不忘乡亲之情。如果娘家有小孩，女儿还要分红包给侄子们。在娘家吃完午饭，与父母亲人小叙之后，女儿一家必须在晚饭前赶回婆家，所以民间称为“食日昼”。

三、舞狮和游大锣鼓

春节期间潮汕的文娱活动甚为活跃，有舞龙、舞蜈蚣、猜谜等，其中舞狮和游大锣鼓是较为普及、最为引人瞩目的。舞狮是较受人们欢迎的。潮汕狮舞有两种：一种是“文狮”，一种是“武狮”。“文狮”由两个人分别戴上面具扮成笑容可掬的“土地公”“土地婆”，手执葵扇，引大狮边舞边走路，狮子也不断抖鬃、打滚。每遇人在门前燃放鞭炮，舞狮队就得停止行进，向主人拜年。“武狮”的拜年对象是当地有名望的人家和大商行。当狮队一到，主人便点燃鞭炮，此时锣鼓齐鸣，狮队表演翻滚、腾转、跌扑等动作。最精彩的要算主人给狮子赏红包。舞至高潮处，主人便从二三层楼的楼口悬空挂下红包。舞狮队便在主人协助下，用大凳和小凳直叠到红包底下。狮子在锣鼓声中，从容沉着地爬上一张张凳子，攀上最高层，再纵身张开嘴巴把红包取下来，博得围观者的掌声和喝彩声。狮子颔首垂腰四方作揖向人们祝福。

广场舞狮表演程式是由舞狮者举起狮头做摇头摆脑之态，快步绕圈走动，边走边舞有如猛虎下山之势。当舞至场中心时立即俯坐于地上，时而用脚搔腹背，时而转头咬尾巴，称为“搔痒咬虱”；忽而又卧地滚动，称为“翻身反肚”；接着伏地打瞌睡，这是表现雄狮在坐养其神，动作惟妙惟肖。此时还有一戴假面具的大头娃对着雄狮任意戏弄，给人们增添不少情趣。舞狮表演之后便是武术表演。拳术有朱家教、李家教和南枝手等拳路之分，但其表演程式大体都是相同的。最后一次舞起狮来，演毕即得到人们赏给的红包。

春节期间另有潮州大锣鼓队，演奏潮州音乐，走街串巷，巡回游行，潮俗称之为“游大锣鼓”。潮州大锣鼓是以打击乐为主，大鼓为中心，唢呐为领奏的大型合奏形式。鼓手既是乐队主奏，又是乐队指挥。鼓手槌击鼓心、鼓边、鼓沿，采取响击、闷击、重击、轻击以及节奏变化、手槌加花等手法，指挥着乐队的演奏。

潮州大锣鼓的游艺队伍常以旌旗开道，扛在肩上的旗叫“标”，用带尾的青竹做旗杆，杆首挂着吉祥物，扛标的多为女青年。扛标姑娘盛装饰扮，婀娜多姿。随后是细心打扮的金童玉女，肩挑鞭炮担、八宝吉祥担，给人们带来了祥瑞。还有娃娃们扮戏人，表演一些传统潮剧片段。庞大的先导过后，是连绵不绝的锣鼓乐队。潮州大锣鼓的表演形式十分灵活，在行进中演奏的叫“长行套”，曲目多以进行曲为主。如果在固定场地摆架演奏，便叫“牌子套”。大型演出，乐队往往有千人之众，气势磅礴。有名望的人家和商行铺户在锣鼓队到来之时，便燃放鞭炮迎接。此时，锣鼓队会停下来，献技贺年。演毕即得主人红包奖赏，这种舞狮和游大锣鼓的演技活动，虽隐约含有傩舞驱鬼遗风，其目的也在于博得赏钱，但它们确实给春节带来了生机、欢乐、喜庆，增添节日热闹气氛。①

四、过年特色食品

春节除了热闹，最让小朋友们惦记的要算各地各具特色的美食了。潮汕地区春节期间除了应节的各类糖果，最让人念念不忘的过年特色食品还有红桃粿、粿肉（鱼卷）、七样菜（七样羹）。

红桃粿

红桃粿（见图1-1），又名红曲桃，是潮汕地区著名的小吃，取桃果造型而得名，

① 叶春生，林伦伦．潮汕民俗大典［M］．广州：广东人民出版社，2010：206-208.

桃果象征长寿，红色是吉祥如意、好意头的象征，这些都是潮汕人民的一种美好愿望。红桃粿属于精品主食，主要食材是粳米粉、糯米饭、香菇、虾米、花生仁等。具体做法是把糯米饭、切成丁的湿香菇、虾米、炒香去外衣的花生仁等一起下油锅爆炒，调入味精、胡椒粉、鱼露，即成红桃粿馅。然后将调入一点玫瑰红食用色素的开水倒入粳米粉中，反复揉搓后，做成桃粿皮，把红桃粿皮搓成长条，捏一小块，压成圆薄皮，包上馅，然后用粿印印出，上蒸笼蒸熟即可，也可在吃前略微用油煎香。

图1–1 红桃粿

潮汕民间习俗，凡过年过节，几乎家家户户都要做红桃粿、酵粿、白饭桃。红桃粿、酵粿做完后，要放在祖宗灵位前祭拜，白饭桃（白饭桃的做法与红桃粿相似，只是不加红色色素）则只是拿来吃。

粿肉（鱼卷）

粿肉（见图1–2），也叫鱼卷或者虾卷、肉卷，叫法和做法都有些差异，是潮汕传统美食之一。潮汕家庭逢年节或者在宴席，甚至祭祀都会制作。粿肉主要是由表层的豆腐膜裹住馅料，卷成条状制成。而馅料主要有鸭蛋、肉（鱼肉或猪肉剁碎）、虾仁（虾米或鱼干末）、马蹄（荸荠剁碎）、胡椒粉、葱白（切碎）、地瓜粉，把以上材料混合，搅拌均匀则可等待制作。具体做法是展开豆腐膜，取一份馅料放在腐膜边沿，整理成长条形，提起腐膜边沿，把馅料卷在里边。这样，一条粿肉卷就做好了。卷好的粿肉先蒸熟，再油炸。炸好的粿肉外皮酥脆，内里鲜香可口，再蘸点酸酸甜甜的桔油，真是舌尖上的享受。过年期间，每到饭点，灰埕头厝巷内，时不时都会飘来炸粿肉的香味。

图1–2 粿肉

七样菜（七样羹）

在潮汕地区，正月初七也叫“人日”，人们在这天都要吃“七样羹”（见图1–3）。传说，正月初七是始祖“人”的生日，女娲氏开天辟地，第一日作鸡，二日作狗，三日作猪，四日作羊，五日作牛，六日作马，七日作人，因而把初七称为“人日”。潮汕俗语：“七样羹，七样羹，大人吃了变后生（年轻），奴仔（孩子）吃了脸红润，姿娘（女生）吃了像朵花。”

图1–3

所谓七样菜，是一道用七种蔬菜混合做成的菜羹。把大菜（大芥菜）、厚合（牛皮菜）、葱、蒜、韭菜、芹菜、春菜，各采集一小撮，洗净，放于加油的热鼎爆炒而成，食之有各种味道，甜、涩、苦、香、辣，好像生活的各种滋味，开春先尝个遍，新的一年也就不会遭受磨难挫折，万事畅通如意，心想而成。食七样菜，其实就是品尝生活，也是取个好兆头。按潮汕话的谐音来说，大菜（大芥菜），取其“大财”之意；菠菜（飞龙），取“龙精”之意；韭菜（久菜）取其“长长久久”；春菜取其“万物回春”；葱也就是“聪，聪明”的意思；芹菜的谐音为“勤快”，厚合、蒜取其“诸事合算”之意。其实，现在许多年轻人并不知道初七食七样菜的真正意义，只是知道正月初七要吃七样菜，便买了七种菜回家炒了吃。吃七样菜，也就是吃个好兆头、好意义、好心情，意图新一年吉祥如意、财丁兴旺、一帆风顺。

潮汕七样羹的寓意分别是：合家平安（厚合菜）、大发财（大芥菜）、春来发芽（春菜）、勤劳致富（芹菜）、飞龙在天（菠菜）、聪敏精算（葱、蒜）、长长久久（韭菜）。

第三节 “春节”诗歌赏读

春节童谣（一）

小孩小孩你别馋，
过了腊八就是年。
腊八粥，喝几天，
哩哩啦啦二十三；
二十三，糖瓜粘；
二十四，扫房子；
二十五，炸豆腐；
二十六，炖羊肉；
二十七，杀公鸡；
二十八，把面发；
二十九，蒸馒头；
三十晚上熬一宿，
初一初二满街走。

赏析

这首童谣按时间顺序，列举了从腊月二十三开始到正月初二民间的风俗习惯，做糖瓜、除尘、准备过年传统事物。三字一句，节奏明快，朗朗上口，渲染了人们准备迎接新年的热闹气氛。

春节童谣（二）

新年到，穿新衣，戴新帽；
舞龙灯，踩高跷，迎财神；
大家乐陶陶，大家一起迎接新年到。
过年啦，贴花啦，满窗子，都红了。
贴个猫，贴个狗，贴个小孩打溜溜，
贴个老爷贴烟头，贴个没牙老满窗走。
新年到，放鞭炮，鞭炮蹦蹦跳，新年真热闹。
新年到，哈哈笑，新年长一岁，祝我个子快长高。
过年好，过年棒，人人见了微微笑。
祝你新年身体好，一声祝福暖心房。
大家齐声过年好！

赏析

这首童谣歌唱的是人们庆祝过年的风俗，穿新衣、戴新帽，舞龙灯、踩高跷、迎财神，贴窗花、放鞭炮，相互拜年，呈现出一派欢乐祥和的过年气象。

春节童谣（三）

新春正月过大年，
吃点喝点解了馋，
初一饺子初二面，
初三合子团团转，
初四吃米饭，
初五的饺子要素馅，
初六初七需吃鸡，
初八初九牛羊肉，
初十吃顿棒子粥，
十一吃鱼，十二吃鸭，
十三没错吃对虾，
十四大碗打卤面，
十五家家闹元宵，
打春要吃春卷炒鸡蛋。

赏析

与前面两首童谣不同，这首童谣着重介绍的是春节期间人们在饮食上的一些风俗。从歌谣中介绍的食品看，这首童谣唱的应该是北方地区过年的传统饮食习惯。“打春”是立春的俗称，是春回大地的节气，也是二十四节气中的第一个。立春是中国传统节日。在周代，这一天天子亲率三公九卿等到东郊迎春，祭祀。唐宋时，有鞭打春牛、送小春牛等，表示劝农春耕和祈求丰收，明清以来，立春有食青菜、迎土牛、浴蚕种、喝春茶等习俗，具有浓厚的传统民俗风情和乡土气息。

元　日①

［宋］王安石

爆竹②声中一岁除③，春风送暖入屠苏④。
千门万户⑤曈曈⑥日，总把新桃⑦换旧符。

注释

①元日：农历正月初一，即春节。

②爆竹：古人烧竹子时使竹子爆裂发出的响声。用来驱鬼避邪，后来演变成放鞭炮。

③一岁除：一年已尽。除，逝去。

④屠苏：指屠苏酒，饮屠苏酒也是古代过年时的一种习俗，大年初一全家合饮这种用屠苏草浸泡的酒，以驱邪避瘟疫，求得长寿。

⑤千门万户：形容门户众多，人口稠密。

⑥曈曈：日出时光亮而温暖的样子。

⑦桃：桃符，也作春联。古代一种风俗，农历正月初一时人们用桃木板写上神荼、郁垒两位神灵的名字，悬挂在门旁，用来压邪。每年元日取下旧桃符，换上新桃符。

译文

爆竹声中旧的一年已经过去，迎着和暖的春风开怀畅饮屠苏酒。初升的太阳照耀着千家万户，都把旧的桃符取下换上新的桃符。

赏析

诗歌首句“爆竹声中一岁除”，在阵阵鞭炮声中送走旧岁，迎来新年。首联紧扣题目，渲染春节热闹欢乐的气氛。颔联“春风送暖入屠苏”，描写人们迎着和煦的春风，开怀畅饮屠苏酒。颈联“千门万户曈曈日”，写旭日的光辉普照千家万户。用“曈曈”表现日出时光辉灿烂的景象，象征无限光明美好的前景。尾联“总把新桃换旧符”，既是写当时的民间习俗，又寓含除旧布新的意思。“新桃换旧符”与首句爆竹送旧岁紧密呼应，形象地表现了万象更新的景象。

这首诗描写新年元日热闹、欢乐和万象更新的动人景象，抒发了作者革新政治的思想感情。

第四节 多领域“春节”主题教育活动设计

艺术领域活动：担花篮

（适用班级：大班）

一、活动目标

1. 了解潮汕春节的各种欢庆活动。
2. 了解担花篮的来历和意义。
3. 掌握平衡的方法。

二、活动准备

素描纸、KT板、绳子、剪刀、水彩笔、吸管。

三、活动过程

（一）观看视频和图片

观看教师播放的视频和图片，注意观察细节，了解平衡原理。（见图1–4）

图1-4

（二）制作过程

1. 画一张穿着担花篮盛装的小女孩图片，并为其上色。（见图1-5）

图1-5

2. 做一个支撑的支架，并将小女孩图片贴上。（见图1-6）

图1-6

3．画两个花篮，并在背后贴上绳子。（见图1–7）

图1–7

4．将吸管置于图片中小女孩的肩上，将花篮挂在两端，调节位置使其平衡。（见图1–8）

图1–8

艺术领域活动：《红桃粿》版画[①]

（适用班级：大班）

一、活动目标

1．引导幼儿观察红桃粿，丰富幼儿的感性经验。
2．激发幼儿表现美和创造美的情趣。
3．喜欢艺术活动，体验创造的乐趣。

① 揭阳职业技术学院师范教育系学前教育专业五年制173班洪渝涵同学设计。

二、活动准备

红桃粿图片、吹塑板、红色颜料、水彩笔、铅笔、白纸。

三、活动过程

（一）导入

红桃粿是广东潮汕地区的传统小吃，民间民俗年糕。潮汕人的时年八节，几乎家家户户都要做红桃粿、酵粿、白饭桃。桃粿、酵粿做完后，要放在祖宗灵位前祭拜，白饭桃则只是拿来吃，因为潮汕人认为红色是吉祥如意、好意头的象征，而酵粿在制作过程需要发酵，故取其“发”的好意头。用这些祭拜祖先，祈福祈寿，也表示人们对美好愿望的期许。

（二）观察图片

观察图片，说说红桃粿的外形特征。（见图1–9）

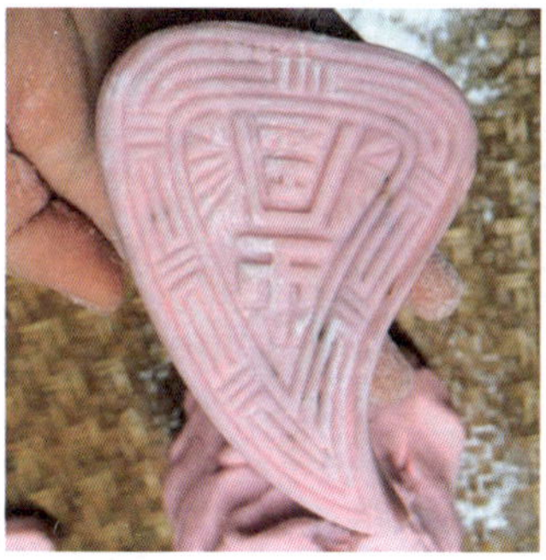

图1–9

（三）绘画过程

1. 用铅笔在吹塑板上画出桃粿的形状。（见图1–10）
2. 用铅笔稍用力刻出桃粿的痕迹。（见图1–11）
3. 把刻好的桃粿形状从吹塑板上剪下来，并给它涂色。（见图1–12）

图1–10

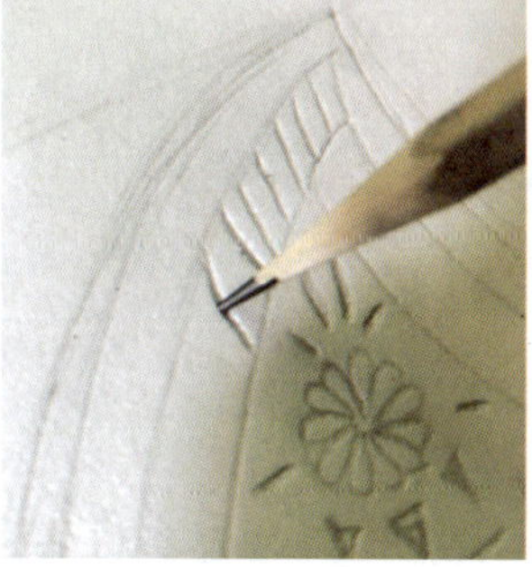

图1–11

图1–12

4．把涂好颜色的桃粿模型拓印到白纸上。（见图1–13）

图1–13

5．用水彩颜料装饰背景。（见图1–14）

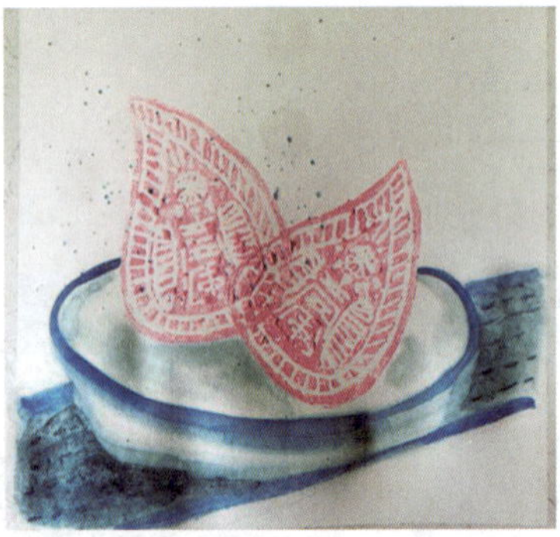

图1–14

（四）展示成果

与同伴交流，展示自己的创作成果，体验创作的乐趣。

艺术领域活动：红壳桃[1]

（适用班级：大班）

一、活动目标

1．能流利唱读下面的潮汕童谣《红壳桃》。

---

① 揭阳职业技术学院师范教育系学前教育专业五年制174班郑嘉文、郑佩婷、曾晓焱、詹嘉雯等设计。

红壳桃

红粿桃，称壳桃，
敬神祭祖不可无。
潮汕民俗也美食，
独特风味手艺绝。
红壳桃，美又鲜，
食香食甜随你意。
家乡发展你有份，
食着果子正会忆着枝。

2. 理解潮汕童谣《红壳桃》，了解制作红桃粿的步骤。
3. 喜欢传统文化，热爱自己的家乡。

二、活动准备

《胖奶奶的红桃粿》视频，《红壳桃》音乐，《红壳桃》PPT，红桃粿的材料（糯米粉、面粉、馅料、模具）。

三、活动重点

师幼共同唱读潮汕童谣《红壳桃》。

四、活动难点

幼儿动手制作红桃粿。

五、活动过程

（一）导入部分

（播放《胖奶奶的红桃粿》[①]的视频，简单了解“红桃粿”的传统习俗）

师：小朋友们，上午好！

幼：老师，上午好！

师：欢迎来到今天的艺术小天地！猜猜我们今天要学习什么呢？让我们一起来看一个小视频，小朋友们要仔细观看，视频里面出现的就是我们今天要学习的小任务哦！

① 李岱玲．胖奶奶的红桃粿［M］．广州：广东教育出版社，2018．

（观看关于“红桃粿”的视频）

师：小朋友们都仔细看清楚了吗？视频里面出现的是什么呢？

幼：（自由回答）

师：视频里面出现的是我们潮汕地区过节的时候用来祭祖的物品，我们叫它“红桃粿”，也可以称它为“红壳桃”。小朋友们知道红桃粿长什么样子吗？味道又是什么样子的呢？

幼：（根据自己已知的经验自由回答）

师：小朋友们的回答都很精彩，味道有的甜甜的，还有的咸咸的，颜色红红的，样子有像桃子一样的，有像乌龟一样的。

师：看来小朋友都很喜欢美味的红桃粿，那么今天老师还为小朋友们带来一首潮汕童谣，名字叫作《红壳桃》。

（二）开始部分

（师幼共同唱读潮汕童谣《红壳桃》）

师：我们一起来听一听这首童谣是怎么唱的。

（播放《红壳桃》音乐）

师：小朋友们听完觉得这首童谣好不好听，哪位小朋友可以跟大家分享一下这首童谣里面出现了几次红壳桃呢？（请小朋友回答）童谣里面的红壳桃什么时候才会有呢？（请小朋友自由回答）

师：刚才小朋友的回答都很棒，我们先来看我们童谣的第一句和第二句“红粿桃，称壳桃，敬神祭祖不可无”，刚才老师听到好多位小朋友讲得很不错，讲的是我们的红桃粿有多种名字，我们潮汕地区平时祭祖的时候，爷爷奶奶和爸爸妈妈就会制作红桃粿去祭拜我们的祖先，祈祷家人安康、生活顺心。

师：接下来我们一起读“潮汕民俗也美食，独特风味手艺绝”这两句，这两句童谣讲的是什么意思呢？讲的是红桃粿是我们潮汕地区的美食，具有我们本土独特的味道和手艺，是我们民俗的小宝贝。

师：下面我们一起来看看这句“红壳桃，美又鲜，食香食甜随你意”，这句说的是什么意思呢？老师请几位小朋友来分享一下。

（请小朋友自由分享）

师：是的，我们班的小朋友都是精明小灵通，这两句的意思说的就是红桃粿有很多种口味，有甜的，也有咸的，小朋友们喜欢吃什么味道就吃什么味道。

师：童谣的最后这两句“家乡发展你有份，食着果子正会忆着枝”又是什么意思呢？意思是当我们吃着美味的红桃粿的时候，要想着我们是潮汕人，长大后要为家乡做贡献，把家乡变得越来越好，可以吗？跟着老师，我们一起来读一下最后这两句吧。

师：小朋友们都读得很好，我们一起再跟着音乐从头唱读一遍。

（师幼一起唱读）

师：小朋友唱得真好！

（三）制作美味的红桃粿

（通过制作红桃粿加深小朋友对童谣的印象）

师：今天老师还带来了一样小东西，我们来看看是什么，当当当当——（出示红桃粿）这个呢，就是我们美味的红桃粿，小朋友们想不想亲手来制作呢？

师：哪位小朋友知道制作红桃粿需要什么材料呢？我们平时吃的红桃粿里面包的是什么馅呢？

（幼儿自由讨论）

师：制作红桃粿的过程很困难，但是也会很开心，我们一起来看看制作过程要怎么做吧！

首先，先从大红粿中取出一小团，加上面粉，滚一下，接着将它揉成一个像饼皮一样的红粿；然后加上香喷喷的配料，再把配料包在红粿饼皮里面；接着把它们放在桃粿模具里，挤压撑满模具，再敲出来；最后，一个完整漂亮的红桃粿就这么做好了。

师：让我们一起动起来吧！

（幼儿制作，老师指导）

（四）结束部分

师：今天我们不仅学会了潮汕童谣《红壳桃》，还亲手制作了美味的红桃粿，中午的午餐大家一起来品尝我们的手艺，老师知道我们班小朋友的手艺肯定是最好的。我们今天这节活动到这里就结束啦。请小朋友们回家后把我们今天所教的潮汕童谣唱给爸爸妈妈听，好吗？

艺术领域活动：《小年兽》（戏剧）

（适用班级：大班）

一、活动目标

1. 感受角色情绪的变化并通过肢体动作、神态表现出来。
2. 能够积极与同伴进行讨论、沟通。
3. 通过对故事内容的理解进行自我迁移，并表达自己的想法。

二、活动准备

1. 物质准备：角色扮演所需道具。
2. 经验准备：对除夕来历的了解，知道“小年兽”的故事。

三、活动过程

（一）导入（热身活动）

师：小朋友们最喜欢什么动物？不同的小动物都有它自己独有的特征，比如说老虎，体型庞大，爱吃肉，有着尖尖的牙齿，性情比较凶猛。而小猫呢，好像跟老虎长得有点像，对不对？同样是猫科动物，猫的体型比较小，性情也比较温顺。现在请小朋友们想好自己要扮演的动物，并且进行模仿，大家一起来猜猜看每个人分别扮演的是哪种动物吧！

（引导幼儿观察每种动物的不同形态，把握模仿对象的特点，并对幼儿的扮演进行简单的评价）

（二）正式（基本部分）

回顾故事内容

师："年"是一只什么样的小怪兽呢？它为什么要去吓唬那些落单的人？

（除夕夜这天家家户户都处于团圆热闹的氛围中，小年兽之所以会这么做是因为它感到非常孤单）

师：大家是怎么来对付这个小怪兽的呢？

（引导幼儿使用肢体动作进行表演，如燃放鞭炮、举红灯笼等）

通过"坐针毡"的方式感受小年兽的内心活动

师：大家有感到孤独的时候吗？当你感到孤独的时候你会怎么做？

（引导幼儿回忆之前的经历，与同伴进行交流）

师：比如说爸爸妈妈很忙没有办法陪你的时候，你的感受是如何的，是不是有点低落？当其他小朋友不愿意跟你玩的时候，会不会感到生气？

（每个人面对孤独的时候，表现出来的情绪可能是不一样的，引导幼儿关注不同情绪下神态的变化）

模仿表演游戏

师：如果我们不小心被"年"抓住了，我们可以尝试着用什么办法来逃脱呢？

（请幼儿自由回答，教师在幼儿讨论的过程中及时进行记录）

师：现在老师来扮演小年兽，请小朋友们利用教室里面的道具，把逃脱小年兽的场面表现出来。

（和幼儿一起搭建场景，并做适当的引导，仔细观察幼儿的具体表现，提醒幼儿不要忽略角色的神态变化）

（三）结束（回顾总结）

师："年"是由孤独化身的怪兽。当我们面对孤独的时候，还可以怎么做呢？就像在除夕这天，奔波在外的亲人会回到家中，大家会一起吃团圆饭，我们会打电话向所有认识的人，为他们带来新年的问候……

艺术领域活动：逛庙会

（适用班级：中班）

一、活动目标

1. 了解与逛庙会有关的活动。
2. 掌握叠高、架空、围合等建构技能。
3. 能主动与同伴进行沟通交流，体验合作的乐趣。

二、活动准备

1. 物质准备：多种木质积木、雪花片若干、卡纸、画笔。
2. 知识经验准备：有逛庙会的经历、照片记录。

三、活动过程

（一）导入

师：逛庙会是不是很有趣呀？小朋友在庙会上都体验了哪些事情呢？请把你拍下来的照片跟大家分享吧！

（幼儿自由讨论，通过照片回忆原有生活经验）

（二）正式（基本部分）

1. 情境创设，引发兴趣

师：如果我们要在幼儿园里举办一场游园会，你希望设置哪些项目来丰富我们的游园会呢？

（幼儿自由讨论，教师及时进行记录）

师：现在我们需要根据幼儿园的实际情况先画出一份设计图，这样我们才能清楚哪些地方适合举行什么样的活动项目，比如我们幼儿园的走廊，是不是就非常适合用来悬挂花灯进行展示呢？

（由教师帮忙画出设计图，引导幼儿形成初步的建构方案）

2. 提供材料，自由搭建场景

师：我们的庙会是由许多个不同的场景组成的，对不对？需要大家一起努力才能把场景搭建起来，所以现在请小朋友们自由分组，每个小组负责其中一个场景的搭建。

（引导幼儿进行合理分工）

师：小朋友们来搭建祈福树，树上是不是会长出很多枝条跟树叶呀，但是好像积木没有办法搭建出祈福树枝繁叶茂的样子。积木用来搭建大树强壮的躯干，长长的树枝还有一片片的叶子，是不是可以尝试着用其他的材料？比如用雪花片。

（引导幼儿根据搭建场景选择合适的材料）

师：这一小组的小朋友负责搭建的是戏台。戏台是跟我们的地面一样高的吗？要把戏台架高才能让后面更多的人看到舞台上的演出对不对？所以要请小朋友们想个办法把戏台架高。

（帮助幼儿提升搭建技巧，从平铺到架高）

3. 交流讨论，调整完善

师：现在每个小组的小朋友都完成了自己小组场景的搭建。但是大家有没有注意到，不同场景之间是分开的，我们可以用什么办法把这一个个的场景联系起来呢？

（对场景细节的补充，比如铺上小路、筑起围墙等）

师：现在我们的庙会已经初具雏形了，但是好像还有点单薄，我们是不是可以画一些小物件，做一些人物立牌，放置在场景当中呢？

（通过多种方式丰富场景内容）

（三）结束（集体分享与总结）

教师和幼儿一起总结在建构的过程中遇到的各种问题，回顾解决问题的过程，跟其他幼儿一起探讨是否还有更好的解决问题的方式，帮助幼儿更加积极主动地投入下一次的创作当中。

社会领域活动：美味的潮汕粿肉

（适用班级：大班）

一、设计意图

潮汕粿肉是潮汕地区一种特色美食，揭阳有些地方称为“鱼卷”，它是潮汕人逢年过节饭桌上必备的美食。为了让幼儿亲身感受民俗节日的气氛和潮汕人民的勤劳与智慧，丰富幼儿的生活经验，培养幼儿的动手能力及激发幼儿热爱家乡之情，特设计此活动。

二、活动目标

1. 了解粿肉的制作材料及过程。
2. 通过制作粿肉，提高动手操作能力。
3. 感受潮汕人民的勤劳和智慧，为自己是潮汕人而感到自豪。

三、活动重、难点

1. 知道粿肉的制作材料及过程。
2. 体会潮汕传统美食的魅力，为自己是潮汕人而感到自豪。

四、活动准备

PPT课件（过年音乐、粿肉制作流程图与视频）、腐膜（即豆腐皮，用黄色透明袋代替）、馅（报纸揉团）、双面胶、小篮子、真实粿肉、盘子、筷子、小切刀、水、五花肉、马蹄、葱、虾米、地瓜粉、五香粉、盐、鸡蛋。

五、活动过程

（一）激发兴趣，导入主题

1. 播放过年音乐，感受过年氛围。
2. 出示粿肉。

师：小朋友们，老师今天给你们带来了一种美食，这种美食我们过年时都有吃过。大家看看这是什么呀？这就是粿肉，有些地方则叫它“鱼卷”。

（二）观察与品尝粿肉，了解其制作材料

1. 通过观察粿肉，引导幼儿以其自身经验说出粿肉的制作材料。

师：你们知道制作粿肉需要用到哪些食材吗？请想到的小朋友举手回答。

2. 分组品尝粿肉，通过幼儿自身体验，进一步思考与验证其制作材料。

引导小朋友说出粿肉的味道、特点和意义（表示把所有好的东西卷起来，家庭团团圆圆）。

师：大家品尝后觉得粿肉的味道怎么样？吃起来感觉怎么样？都吃到了哪些食材呢？为什么过年时它就会出现在我们的饭桌上呢？

小结：小朋友们回答后，教师出示图片，介绍制作粿肉需要用到的食材，如五花肉、马蹄、葱、虾米、地瓜粉、五香粉、盐、鸡蛋、腐膜等。

3. 引导幼儿思考，除了这些材料还可以用到哪些材料来做粿肉呢？

（三）播放视频，欣赏粿肉的制作过程

1. 播放粿肉制作视频。
2. 教师总结并出示制作流程图。

五花肉、马蹄、葱切丁，加入五香粉、鸡蛋、盐和虾米搅拌均匀作为馅料；用腐膜包着馅料，卷成长条；切成小段；油炸，起锅，如图1-15所示。

① ② ③ ④ ⑤

图1–15

小结：“粿肉”是用“腐膜”（豆腐皮）包着馅料，卷成长条，切成小段后油炸而成的。它的皮薄薄的，吃起来脆脆的，里面满满的馅料，非常美味，让人吃了还想再吃，非常适合搭配一杯工夫茶，是过年时我们饭桌上必备的美食。吃的时候，还可以蘸上酸酸甜甜的桔油，十分解腻。

（四）练习制作“粿肉”

1. 教师一边引导幼儿回忆与复述粿肉制作过程，一边示范。

师：现在我拿起一张腐膜（用小被子或用黄色透明袋代替腐膜），在当中放进一长条的肉馅（用报纸代替肉馅），我们帮肉馅包好，卷紧点，不要让肉馅掉出来。腐膜（透明袋）的一边粘上双面胶（用“双面胶”代替水），把腐膜卷完后，贴合双面胶，按紧，一条“粿肉”就做好啦。

2. 请幼儿说说注意事项。

师：马上我要请小朋友们来卷粿肉，在卷的过程中要注意什么呢？（边按紧，将馅料紧紧裹住，包完以后放到桌子上要放整齐了。）好，现在请你们开始做粿肉吧。

3. 教师分发练习材料，幼儿动手操作，教师巡堂并做指导。

（五）说说美食

1. 介绍家乡其他美食，扩充幼儿认知。

师：除了粿肉，我们潮汕还有好多用皮和馅料做成的美食，有哪些呢？如春卷、粉粿、纸包豆腐、菜粿等。（教师出示图片）

2. 提问幼儿，让其介绍其他家乡美食。

师：老师带你们认识了这么多美食，小朋友们还认识哪些潮汕传统美食呢？

3. 总结：“哇！原来小朋友们认识这么多潮汕美食啊，真厉害！我们潮汕传统的美食还有肠粉、粿汁、红桃粿、隆江猪脚饭、普宁豆干、埔田笋粿等等。你们看，我们潮汕的美食这么多，是谁发明的？（幼儿齐答：潮汕人民）那他们厉害吗？是的，我们潮汕人民很勤劳、很聪明，我们也要向前辈们多多学习。”

（六）结束评价

师：今天我们知道了粿肉的制作材料及过程，并且自己动手卷“粿肉”，还知道这么多家乡美食，小朋友们真是既能干又聪明！现在把你们卷好的“粿肉”收起来，回家跟爸爸妈妈分享一下做法，然后用好吃的材料与爸爸妈妈一起制作一道美味的粿肉带到幼儿园与其他小朋友一起分享吧。

六、活动延伸

将制作粿肉的真实食材投放到“生活区”，让幼儿活动结束后到区域进行实操。

语言领域活动：古诗《元日》

（适用班级：大班）

一、设计意图

《元日》是一首家喻户晓的古诗，这首诗描写了正月初一热闹、欢乐、万象更新的喜庆景象，充满欢乐向上的情绪，能让幼儿在学习古诗与了解习俗的同时感受浓烈的节日气氛，萌生对传统节日的热爱之情。

二、活动目标

1. 了解古代庆祝新年的形式并初步理解诗意。
2. 尝试用自创动作来表演古诗内容。
3. 诵读与表演古诗，感受新年的喜庆氛围。

三、活动准备

1. 经验准备：幼儿有过年的经历，对过年常见习俗有一定的经验储备。

2. 物质准备：课件PPT（“爆竹”音频、“新年”景象图片、诵读视频《元日》、故事视频《元日》、《元日》手势舞视频）、家园共育小册子《元日》。

四、活动过程

播放音频“爆竹声声”与出示“新年”景象图片，请幼儿谈谈对过年的印象。

1．播放音效，激发幼儿的好奇心。

师：听听这是什么声音？（鞭炮）

在什么时候我们会听到鞭炮声呢？（过年、过节、新年、春节）

2．出示图片——《过新年》，请幼儿谈谈对过年的印象。

师：你喜欢过年吗？除了放鞭炮，过年时你和家人还会做些什么活动呢？

小结：过年真开心呀，我们可以放鞭炮、贴春联、和家人一起吃年夜饭、穿新衣，小朋友们还会收到压岁钱。

3．播放古诗朗读视频《元日》，引导幼儿观察画面，初步感知古诗中过年的习俗及喜庆氛围。

师：刚刚小朋友们说了很多过年的习俗，其实这些习俗都是从古代流传下来的。古代的新年是什么样的呢？诗人王安石写了一首关于新年的诗，叫《元日》，我们一起坐时光穿梭机穿越到古代去寻找答案吧。

4．播放古诗视频后，分组进行提问。

师：听完这首古诗，你有什么感觉？（幼儿各自回答）

古诗里，人们在过年时都做了哪些事呢？（放鞭炮、喝酒、挂木牌……）

小结：古诗里，人们放鞭炮、喝酒以及在门上挂木牌，用这些方式来庆祝新年的到来。

5．观看故事视频《元日》，通过提问，引导幼儿进一步了解古诗中的过年习俗并理解古诗大意。

师：古代新年真有趣呀，你们想不想体验一下？我们一起坐时光穿梭机穿越去大诗人王安石的家里过新年吧！

过年时，人们会做什么来和旧的一年说再见呢？古诗里是怎么讲的？（放鞭炮）

新的一年到来，春天也来了。在暖暖的春风里人们在喝什么酒呢？请你用诗句说一说。（屠苏酒；春风送暖入屠苏）

新年里，人们为什么要聚在一起喝屠苏酒呢？

（喝了屠苏酒可以保佑一整年都健健康康的）

这时候太阳出来啦，太阳照耀着哪里呢？路上发生了什么变化？你能用诗句来说一说吗？（太阳照着千家万户；街道变得很明亮；千门万户曈曈日）

原来古人挂的木牌叫“桃符”。新年到了，换上刻着守护神的新桃符有什么作用呢？

（新年到了，换上新桃符，可以保佑平安）

小结：噼里啪啦的爆竹声中，旧的一年已经过去了；暖暖的春风吹来了新年，人们畅饮新酿的屠苏酒。初升的太阳照耀着千家万户，人们忙着把旧的桃符取下，换上新的桃符。

6. 带领幼儿玩趣味诵读游戏，进一步感受年味，熟悉古诗。

师：过年是热闹的，可这条街道怎么这么安静？一定是太阳公公还没出来吧，人们都躲在家不出门呢。一起跟着老师大声朗读古诗，把太阳公公请出来吧！

太棒了，太阳升起来了。我们一起大声朗诵古诗，告诉人们该出来挂新桃符喽！哇，大伙都出来换桃符了。在太阳照耀下，街道变得好喜庆、好热闹呀。

◆**建议**：根据本班幼儿实际情况，教师可带读或播放古诗音频。

7. 播放古诗音频及图片、手势舞视频《元日》，鼓励幼儿大胆表演古诗内容，进一步感受新年的喜庆氛围。

（1）播放古诗音频及图片《元日》，鼓励幼儿自由做动作，表演古诗。

师："《元日》真是一首喜庆又好听的古诗。如果我们给古诗配上动作一定更有过年的感觉。一起来试一试，一边念古诗一边做动作吧。"

（2）播放手势舞视频《元日》，鼓励幼儿表演古诗，进一步感受新年的喜庆氛围。

师：老师也带来了一段《元日》的古诗表演，一起来看看。

请把这首喜庆的古诗表演出来吧。可以跟着视频做动作，也可以自己编动作。

8. 结束评价。

小结：小朋友们表演得真好看。今天学习了古诗《元日》与古代的过年习俗，感受到了过年的热烈气氛，过年的时候也可以和爸爸妈妈一起读一读、演一演这首喜庆的古诗哦！

◆**建议**：（1）若幼儿创编动作的能力较好，可让幼儿以创编与表演古诗为主。

（2）手势舞视频可给一些缺乏动作知识储备的幼儿进行参考。

五、活动延伸（区域活动）

（一）语言区

投放古诗音频及图片《元日》，鼓励幼儿进一步诵读、咏唱古诗。

（二）餐后活动

教师播放古诗音频《元日》，帮助幼儿进一步熟悉古诗。

（三）家园共育

请家长带领幼儿一起朗读家园共育小册子《元日》，并录制朗读及亲子表演古诗的视频。

语言领域活动：灶王爷

（适用班级：大班）

一、设计意图

通过传统节日来了解本民族的文化，可以帮助孩子们获得更丰富的精神滋养，建立起文化自信。而春节作为中华民族最隆重的节日，从小年开始到元宵节，其中蕴含了许多风俗习惯、神话传说，与过年相关的元素丰富多样，就让我们从小年开始来了解中华民族这个最重要的节日吧！

二、活动目标

1. 了解与小年相关的习俗。
2. 能够连贯、清楚地表达自己的想法。
3. 感受民俗中向上向善的美好情感。

三、活动准备

1. 物质准备：灶台、灶王爷图片。
2. 知识经验准备：对日常生活细节的观察。

四、活动过程

（一）导入（引入活动）

什么是小年？

师：春节的时候我们经常会说过年啦，那小朋友们知道在春节前还有一个小年，也就是腊月二十三这天，在这一天我们会做哪些事情呢？提到小年，还有一位非常重要的角色哦，小朋友们认识灶王爷吗？

（小年习俗：扫尘、祭灶）

（二）正式（基本部分）

1. 出示灶台的图片。

师：小朋友们认识这是什么吗？你们看它是用来做什么的呢？

（灶台：用来做饭的地方）

2. 出示灶王爷的图片。

师：传说掌管灶台有一位神仙，就是灶王爷。灶王爷是玉皇大帝派到人间来的，家家户户都有一位灶王爷，小朋友们知道灶王爷的“工作”是做什么的吗？

（灶王爷：替玉皇大帝监管人间，监督一家人的言行举止）

师：家里面发生了什么事情，这些都会被灶王爷看在眼里的，无论是好事儿还是坏事儿，灶王爷都会把这些记在他的小本本上面。小朋友们想一想，你觉得灶王爷会记录下你家里的哪些事情呢？

（帮助小朋友们区分“好事儿”和“坏事儿”）

3. 腊月二十三“祭灶”仪式。

师：腊月二十三这天对灶王爷来讲是非常重要的日子，因为这天灶王爷要到天上去向玉皇大帝汇报这家人做了哪些好事儿或者是坏事儿，你希望灶王爷向玉皇大帝汇报好事儿还是坏事儿呀？

（传说玉皇大帝会根据灶王爷的汇报来决定这家人来年的祸福）

师：那要怎么才能让灶王爷帮我们多说好话呢？

（“祭灶”仪式：向灶王爷供奉糖瓜）

师：我们请灶王爷吃好吃的，还准备了很多甜甜的糖果让灶王爷带着在路上可以吃，等到灶王爷向玉皇大帝汇报的时候，吃着甜甜的糖果，心里想着的就都是那些好事儿了！

（“天上言好事，下界降吉祥”，引导幼儿在日常相处中，更多地应该念着彼此的好）

4. 情景模拟。

师：灶王爷在向玉皇大帝述职的时候，嘴里塞满糖果的时候说话会是什么样子的呢？每户人家里都有一位灶王爷，所有的灶王爷都要去向玉皇大帝汇报，你觉得玉皇大帝会表现出什么样子？灶王爷向玉皇大帝汇报的时候会说些什么呢？

（三）结束（回顾总结）

带领幼儿一起诵读童谣《过小年》，加深幼儿对与“小年”相关习俗的了解：“二十三，糖瓜粘，小小糖瓜比蜜甜。带上几个上天去，玉帝爷爷尝尝鲜。二十三，过小年，和谐美满在眼前。捎话玉帝放心吧，幸福生活赛神仙。”

科学领域活动：十二生肖系列活动——牛年

（适用班级：大班）

一、活动目标

1. 运用已有经验创编属牛的符号。
2. 培养孩子大胆采访与记录的能力。

二、活动准备

黑板、纸与笔、采访记录纸等。

三、活动过程

1. 引出话题：“今年是牛年，你们知道有谁属牛吗？”
2. 幼儿议论，说一说谁属牛。
3. 采访要求：“今天我们去采访，问一问其他班的小朋友，还有幼儿园的老师、阿姨等工作人员，谁属牛？”
4. 大家讨论采访记录：“属”的符号怎么记录？“牛”的符号怎么记录？
5. 统一记录符号。老师将大家创编的符号在黑板上示范。
6. 采访要求：个别幼儿重复采访的用语。鼓励幼儿大胆采访，并将个别能力差的幼儿与能力强的搭档采访。
7. 采访后的反馈。请幼儿向大家汇报采访的结果，老师纠正采访记录错误的地方。

社会领域活动：心愿树

（适用班级：大班、中班）

一、设计意图

通过心愿树的活动，让孩子们怀着美好向往，期待新年的到来。

二、活动目标

1. 在听听讲讲中感受新年的愉快氛围。
2. 对新年寄予美好的愿望。

三、活动准备

请家长在心愿卡上帮孩子写上他们的新年心愿和自己对孩子的祝福。

四、活动过程

（一）说心愿

1. 新年快到了，我们每个人都有自己的心愿，你的心愿是什么呢？快来告诉你身边的好朋友。

2. 谁愿意把自己的心愿讲给大家听？

3. 爸爸妈妈、爷爷奶奶对你有什么祝福呢？（幼儿先讲，老师帮助把心愿卡上家长祝福的话语念给大家听）

（二）布置心愿树

幼儿拿好自己的心愿卡来到心愿树边；将自己的心愿告诉心愿树，希望它能帮助自己实现心愿；然后将心愿卡挂到心愿树上。

五、活动延伸

与家人或朋友交流，了解更多关于“年”的故事与传说，了解家乡过年的习俗，并把自己的美好心愿分享给爸爸妈妈。

社会领域活动：春节礼仪知多少

（适用班级：中班）

一、设计意图

春节到来之际，为了增进幼儿对我国传统节日和传统文化的了解，可以借此节日之机组织一次春节主题活动，培养幼儿的语言组织能力，同时也能让幼儿对春节礼仪有所了解。

二、活动目标

1. 通过拜年活动增加人与人之间的感情，感受新年祝福的喜悦。

2. 学会表达新年祝福的用语，培养良好的交往能力。

3. 能够在别人面前大胆地表达自己的意愿。

三、活动准备

扮演爷爷、奶奶、爸爸、妈妈、叔叔、阿姨所需的头饰或其他道具，小红包等。

四、活动过程

（一）导入

（放《新年好》的音乐，营造过年的气氛）

师：小朋友们跟着老师边听音乐边找自己的位置坐下。

师：小朋友们坐好没？以前有没有听到刚刚播放的音乐？那这首歌什么时候唱最好呢？

幼：春节！

（二）拜年的礼仪

师：小朋友们请说说，春节的时候除了唱歌之外还可以做什么。

师：我们过新年时会向别人拜年是吧，那怎样向别人拜年？最常见的可以说“恭喜，恭喜”和“新年好”的祝福话。

小结：春节里人们互致问候和祝福的礼仪是拜年。初一清晨，大家都要早早起床去拜年，穿上新衣服，表示新的一年的开始。拜年时要双手握拳，抱在胸前；一边晃动一边鞠躬，说祝福的话，最常见的是“恭喜、恭喜”和“新年好”。

（三）情景游戏“拜大年”

师：小朋友们想一想，春节时如果你碰到爷爷奶奶，你会怎么给爷爷奶奶拜年。

师：小朋友们想不想玩“拜大年”的游戏？现在游戏里有六个人物，分别是爷爷、奶奶、爸爸、妈妈、叔叔、阿姨。我们选六个小朋友来分别扮演他们，一起表演拜年的游戏好吗？

师：小朋友们先自己分配角色，老师再教大家不同角色要说的话。老师给你们讲时要好好听，不同身份的人说的话不一样，祝福语也不一样，小朋友们要记清哦。

（四）开始游戏

1. 教师向幼儿示范，请幼儿模仿。

2. 幼儿自己找搭档相互试一试。

首先爷爷奶奶出场，幼儿上去拜年，说：“爷爷奶奶新年好，恭喜、恭喜！祝你们身体健康、福寿安康！”爷爷奶奶要说：“小朋友新年好，祝你健康成长！”并发一个红包给幼儿。

图1-16

爸爸妈妈出场，幼儿上去拜年说：“爸爸

妈妈新年好，恭喜、恭喜！祝你们工作顺利、万事如意！”爸爸妈妈要说：“小朋友新年好，祝你学习进步！”并发一个红包。

叔叔阿姨出场，幼儿上去拜年，说：“叔叔阿姨新年好，恭喜、恭喜！祝你们全家幸福、恭喜发财！”叔叔阿姨要说：“小朋友新年好，祝你快乐！”并发一个红包。

最后，幼儿在教室里自由活动，四处走动，互相拜年说祝福的话，互赠红包，最后看谁的红包最多。

五、活动总结

让幼儿说一说拜年时的感受，表扬能在别人面前大胆表达自己意愿的幼儿。过春节的时候要向家人和朋友拜年。

科学领域活动：春节到，购年货

（适用班级：中班）

一、设计意图

幼儿通过本次购年货的活动，了解春节人们购年货的习俗，并借助本次活动让幼儿尝试用5元钱购买两件年货。购物完成后，鼓励幼儿大胆表述自己为什么购买年货，使孩子获得互动交流的乐趣，体验购年货的快乐。

二、活动目标

1. 了解数的概念。
2. 体验购年货的快乐。
3. 在看一看、议一议、做一做、讲一讲中了解中国人过春节购年货的习俗。

三、活动准备

1. 零钱、购物篮。
2. 将课室临时布置成超市，并且准备若干春节常见的年货。

四、活动过程

1. 引出话题，帮助幼儿巩固复习有关新年的知识。

师：很快就是我们中国人民最重视、最隆重、最热闹的传统节日了，是什么节日呀？

幼：春节！

小结：春节是我们中华民族的传统节日，是新的一年的开端。到了春节那一天，我们要穿新衣、戴新帽，迎接新的一年的到来。

2. 了解买年货的习俗，尝试购买年货。

师：春节到了，爸爸妈妈在忙些什么呢？

（幼儿自由讨论）

小结：买新年里需要的东西叫作买年货，购买年货是我们中国人过春节的传统习俗。

师：大家想不想也学爸爸妈妈买年货？

3. 情境表演。

师：看老师给你们准备了多少钱？（出示钱币，幼儿计算）

师：老师给每位小朋友准备了5元钱，我们用5元钱到超市去购买我们想要的年货好吗？要把老师送给你们的钱用完好不好？不过在买年货时可要想一想，你为什么要买这些年货？

4. 幼儿购年货。

幼儿手提购物篮购年货，老师适时指导。

5. 交流分享，体验购买、分享年货的快乐。

①幼儿自由交流自己所购的年货。

②与同伴分享年货。

语言领域活动设计：认识年

（适用班级：大班、中班）

一、设计意图

春节是指传统上的农历新年，俗称“年节”，是中华民族最隆重的传统佳节。为了让幼儿感受到中国民间传统节日的氛围及其所蕴含的意义，特设计并组织了相关活动，让幼儿了解“年”的由来及其独特风俗，感受到浓浓的年味儿。

二、活动目标

1. 农历正月初一称元日，为新岁之首，春天之始。
2. 通过各种形式让孩子们认识、了解新年，知道新年的象征意义。
3. 知道过了新年又长一岁了，自己可以做很多力所能及的事了。

三、活动准备

有关“年”的相关图片（绘本）、视频。

四、活动过程

（一）出示图片，认识“年”

1. 你们知道“年”吗？“年”到底是什么呢？（怪物、传说）

2.（出示图一）老师这里就有一个关于“年”的传说，瞧！这就是“年”，看看它长什么样子？（四眼怪物非常可怕）

3. “年”头长触角……它的样子十分可怕。每到一年的最后一天，“年”就悄悄地从山上冲下来，把孤独的人通通吃掉！

（二）观察图片，了解摆脱年兽的方法

1. 你们愿意就这么被“年”吃掉吗？（不愿意）那你们有什么办法赶走“年”呢？（幼儿自由讲述）

2. 那我们看着传说中人们是怎么摆脱年的。（出示图片）

3. 小朋友们看懂了吗？看懂了哪一幅图？谁愿意向大家介绍一下？

（1）放鞭炮：为什么“年”听到鞭炮声会吓得躲起来呢？（原来是热闹的声音让“年”感到害怕）

那过年时还有什么声音很热闹，也能把“年”赶走呢？

（2）红灯笼：为什么大红灯笼高高挂就能把“年”吓跑？（原来是喜庆的红色让“年”感到害怕）新年中，还有哪些东西是红色的，也会让“年”感到害怕呢？

（3）年夜饭：为什么过年夜时要做一桌美味佳肴呢？这些美味是给谁准备的？一家人坐在一起吃年夜饭是什么感觉？（热闹、温馨）而“年”只是孤零零的一个人，所以他害怕看到一家人团团圆圆、热热闹闹地在一起。

（4）穿红衣跳舞：一群人穿红衣跳舞，特别热闹，“年”可是很害怕热闹的呢！

（5）年画：小朋友手里拿了什么？（其实它是一幅画，里面隐含着吉祥的意思，它有个好听的名字叫作年画）为什么要贴年画呢？（喜庆、热闹才能赶走“年”）除了年画之外，过年时我们还要贴什么？

（6）拜年：拜年时要说什么？（各种吉祥的话）当你听到吉祥话时，你的心情是怎样的？（甜甜蜜蜜的）那还会害怕“年”吗？（不会）当然，“年”是最害怕看到开心的人了。

4. 完整讲述：故事中介绍了这么多赶走“年”的喜庆办法，谁能够把这些方法完整地说一说呢？

5. 小结：原来“年”害怕响声，害怕鲜艳的红色，害怕团团圆圆，害怕一切热闹、开心的东西。

（三）经验提升：丰富各地过年的习俗

1. 过渡：所以我们现在也会用放鞭炮等热热闹闹的方法赶走“年”，那除了这些方法之外，你知道还有哪些过年的习俗吗？

2. 观察课件，边看边讲，了解各地过年的习俗：其实呀，每个地方都有不同的过年方法。看！

（1）团圆饭：团团圆圆。

（2）到各家各户拜年：互相祝福。

（3）舞狮、舞龙灯：欢腾喜庆。

（4）踩高跷：节节高升，步步高。

（5）包饺子、做馄饨：一起庆祝大家长大一岁了！

（6）做年糕：节节高升。

五、活动延伸

与家人或朋友交流，了解更多关于“年”的故事与传说，了解家乡过年的习俗。

第二章 元宵节

农历正月十五是我国的传统节日——元宵节，是一年中的第一个月圆之夜，也是一元复始、大地回春的日子。元宵节、春节、端午节和中秋节合为我国四大传统节日。

元宵放灯自唐代时作为一项习俗继承下来，到宋代达到鼎盛，成为最受民众欢迎的节日。元宵之夜，大街小巷，到处张灯结彩，人们挂花灯、赏花灯、猜灯谜、舞狮舞龙、吃元宵，将从除夕开始的庆祝活动推向又一个高潮。

第一节 元宵节的由来和习俗

一、元宵的由来

过完年之后，很快就到元宵节了。正月十五元宵节，古时称“上元”“元夕”“元夜”，或“灯节”，是中国的传统节日之一。正月是农历的元月，古人称“夜”为“宵”，正月十五是一年中第一个月圆之夜，所以称正月十五为“元宵节”。“上元节”的称呼，则来源于道教“三元”的说法。元宵节自古以来就有观灯习俗，热闹喜庆。2008年6月，元宵节被列为第二批国家级非物质文化遗产。

元宵节起源于两千多年前的汉朝，但是汉朝的上元与后世的元宵节有很大的不同，一直到了唐朝以后，才逐渐演变成今天的元宵佳节。历代以来，元宵节在宋朝时最为隆重、热闹，是民间最受百姓欢迎的节日。南宋词人辛弃疾有一首词就写到了当时的热闹场景：

东风夜放花千树，更吹落、星如雨。宝马雕车香满路。凤箫声动，玉壶光转，一夜鱼龙舞。

词中写到元宵节这天晚上繁华热闹的景象，大街小巷，缀满了五光十色的彩灯，像火树银花一样；先冲上云霄之后散落下来的满天烟花，好似一阵阵陨星雨；到处看到人们在音乐声中舞动鱼形、龙形的彩灯，如鱼龙闹海一样，令人目不暇接，好不热闹。

二、元宵的习俗

元宵节的习俗一般有吃元宵、观灯、猜谜等。

（一）吃元宵

正月十五吃元宵，在中国由来已久。宋代，民间流行一种在元宵节吃的新奇食品，叫“浮元子”，后称“元宵”，生意人还美其名曰“元宝”。按照地方传统，北方吃元宵，南方吃汤圆。元宵以白糖、玫瑰、芝麻、豆沙、黄桂、核桃仁、果仁、枣泥等为馅，将馅料团成形后在糯米粉中滚成。汤圆则先以糯米粉做成皮，再包馅料于其中。元宵与汤圆皆可荤可素，可汤煮、油炸、蒸食，是一种雅俗共赏、脍炙人口的民间小吃，它们都有团圆美满之意。近千年来，元宵的制作日见精致。光就面皮而言，就有江米面、粘高粱面、黄米面和苞谷面，馅料更是甜咸荤素应有尽有。甜的有桂花白糖、山楂白糖、什锦、豆沙、芝麻、花生等，咸的有猪油肉馅，还可以做油炸炒元宵。此外还有素元宵，即芥、蒜、韭、姜等组成的五辛元宵，表示勤劳、长久、向上的意思。

（二）观灯

元宵节的观灯习俗根源于民间开灯祈福古俗。古时开灯祈福通常在正月十四夜便开始“试灯”，十五夜为“正灯”，民间要点灯盏，又称“送灯盏”，以进行祭神祈福活动。东汉佛教文化的传入，对于形成元宵节习俗也有着重要的推动意义。汉代永平年间，汉明帝为了弘扬佛法，下令正月十五夜在宫中和寺院“燃灯表佛”。因此正月十五夜燃灯的习俗随着佛教文化影响的扩大及后来道教文化的加入逐渐在中国流传开来。南北朝时，元宵张灯渐成风气。梁武帝笃信佛教，宫中正月十五大张灯火。后来这个放灯的习俗又从宫廷中流传到了民间。唐朝时，中外文化交流更为密切，佛教大兴，仕官百姓普遍在正月十五这一天“燃灯供佛”，佛家灯火于是遍布民间。从唐代起，元宵张灯即成为法定之事。

（三）猜灯谜

猜灯谜又叫打灯谜，是元宵节的一项传统活动。灯谜最早是由谜语发展而来的，起源于春秋战国时期。到了南宋时期，谜语开始悬之于灯，供人猜射。

（四）迎紫姑

民间传说中，相传紫姑是一个贫穷、善良的姑娘，是一个大户人家的妾，因为主妇妒忌，在正月十五这天被害死在厕所里。百姓们同情她、怀念她，有些地方便出现了“正月十五迎紫姑”的风俗。

（五）走百病

元宵节除了庆祝活动，还有一些信仰性的活动，例如“走百病”，也叫“散百病”“烤百病”“除百病”，参与者主要是妇女。她们结伴而行，或过桥，或走墙边，或走郊外，以求祛病除灾。

第二节 潮汕元宵节习俗

在传统的闹元宵习俗当中，观灯一直是元宵节的一个主要活动，潮汕也与全国其他地区一样，继承了传统民俗中的观灯习俗，同时又有自己的地方特色，现在就让我们来看看潮汕过元宵都有些什么习俗吧。

一、观花灯

以前，潮汕地区很多地方在元宵节晚上都会组织“游花灯”。“游花灯”即由民间组织和行铺出资制作花灯，元宵节晚上穿街过巷游行。花灯队伍前导为火把、龙灯，接着是潮州小锣鼓和花灯，最后是一只彩凤。除了游花灯，大街小巷、祠堂、商铺、院落等处也都悬挂花灯。潮汕的花灯不同于北京的宫灯、上海的龙灯、广州的走马灯，潮汕花灯形式多种多样，有纱灯、活景等，花灯题材有花果、虫鱼、鸟兽、戏剧和民间故事人物等。元宵夜，潮汕各处都有儿童成群结队，纷纷提着花灯，四处游街玩耍，花灯中最为常见的有莲花灯、梅花灯、鲤鱼灯、走马灯等，热闹非常。（见图2–1）

图2–1

潮汕民间元宵节观灯，历史悠久。创作于明代嘉靖年间的潮剧《荔镜记》的“观灯”中有“三街六巷好灯棚”句，可见当时潮州地区花灯繁盛情景及百姓观灯的习俗。近年来，元宵节游花灯活动渐渐少见，取而代之的是各市县举办的大型花灯展。每年的花灯展都吸引了大批市民和海内外很多乡亲回乡观赏。在揭阳，比较有名的是榕城的“破门楼郑翁仔灯”。

“翁仔灯”在榕城历史悠久，据《揭阳县志·风俗志·岁时》载：“晚清及民国时期，城乡多沿旧俗。县城从正月十一日起搭彩桥摆泥人屏（俗称安仔屏）……”安仔屏即破门楼郑翁仔灯。破门楼郑位于揭阳榕城进贤门北侧（古时称魁隆坊“十二板桥”），建于明代洪武年间，门楼整座布局系著名法师何野云（元末陈友谅军师，俗称“虱母仙”）所设计，占地面积两千多平方米，坐西向东，平面三进院落四合院式布局，因堪舆属“离”位，“离”位在八卦中属火，故中厅不能盖顶，此乃其特殊之处，而且要建得低矮才符合风水地理的运数，“破门楼”由此得名。“翁仔灯”的习俗由棉洋郑氏花灯衍化而来，抗日战争期间停办，一直到1993年才又重新置办。一般是由破门楼郑理事会统一组织，正月初五开始在族内搭置竹棚，并在中、后厅设置通花雕木灯橱14个，高约米半，宽约两米，以竹木为框架，饰以色纸金箔，五彩缤纷。橱内分三层，上列“功名财子寿”屏，其中层正中摆设借以出名的“翁仔屏”（即大白弟），取义添丁，余则罗列泥塑戏出若干，多为家喻户晓的“海瑞打严嵩”“姜太公遇文王”“京城会”“仙姬送子”“柴房会”等古装戏出，还有富有生活情趣的“饮茶”“下棋”等内容。正月十一子时准时兴灯，连续五天五夜迎接广大群众的观赏，正月十五亥时由族内长辈“作四句”准时熄灯。凡是前来观赏“翁仔灯”并添油索取“翁仔屏”的人，都在心中暗祈吉祥福祉，不同身份的人有不同的祈祷语。翁仔灯人物形象生动活泼、惟妙惟肖，令观灯者流连忘返，百看不厌。过去点蜡烛、煤气灯，现已亮起五光十色的电彩灯、花灯、景灯，场面宏大、气派堂皇，成为一道绚丽的节日风景线。[①]

“翁仔灯”是揭阳榕城一项独特的民俗文化活动，是人民群众庆新年、闹元宵的文化大餐，表达人们对新年幸福祥和的美好愿望，创造祥和、欢乐的氛围，凝聚人气，增进友谊，促进和谐。破门楼郑“翁仔灯”已是揭阳名扬海内外的民间文化盛事，每年都有成千上万人前来观赏“翁仔灯”，还有许多慕名前来的外地朋友和外国友人。

图2-2

二、行彩桥

图2-3　行彩桥

“行桥”是庆元宵一项别具一格的祈福民俗活动，流行于揭阳榕城、揭东曲溪、普宁洪阳等地，尤以榕城最盛行。揭阳市区榕城河桥多，行桥活动很普遍。“行彩桥”的风俗，流传年代久远。旧方志中有所记载，清顺治《潮州府志》载：“（上元）妇女度桥投块，谓之度厄。”乾隆《揭阳县志》载：“上元张灯树，放烟花，扮八景，舞狮子……妇女儿童度桥投块谓之渡厄。或采青拾瓶嘴以归，取义宜男。”在揭阳，元宵此日，男女老幼争先“行桥”。每年正月的十一至十六，榕城的石狮桥、大东桥、南滘桥等城内的大小桥梁均被彩灯、彩旗装扮一新，供人们进行“行彩桥”活动。

关于“行彩桥”习俗的由来，民间流传着一个美丽的传说。传说很久很久以前，揭阳城常遭洪涝灾害，百姓苦不堪言。有一年，城中一老者，梦见一位白髯老翁对他

① “破门楼郑翁仔灯”部分内容根据李锡洁主编的《揭阳市非物质文化遗产系列丛书·民俗》整理（汕头大学出版社2015版）。

说："今年揭阳城将有大难降临，元宵前行过桥的人，便可保平安，免遭厄运。"说也奇怪，这年正当人们欢天喜地闹元宵的时候，突然大雨滂沱，榕江南北河河水暴涨，百姓性命危在旦夕。这时，突听一声霹雳，一位仙女飘然而至。她舞动手中的一条条彩带，化作一座座美丽的彩桥，让人们行过彩桥以逃难，全城百姓安然无恙。从此以后，每年元宵节，人们便以行彩桥的形式渡厄，祈求平安。"行彩桥"便相沿成俗。从前行彩桥，人们必先行县署衙前的太平桥，因太平桥被称为城中第一桥，所以谓之"行头桥"，祈望全年平平安安。太平桥被毁之后，"行头桥"已变成"第一次"之意。

"行彩桥"活动时间是农历正月十一至十六，分三个阶段：正月十一"行头桥"，正月十五元宵夜"行二桥"，正月十六"行尾桥"。每年春节刚过，居住在桥周围的人家便自发组织起来，装饰附近的桥梁。人们在各座桥上，用青竹枝、榕树枝扎成棚子，两头搭彩门，插上鲜花、彩纸花，挂起花灯、影灯、描绘戏剧或民间传说等人物故事的灯橱，张贴吉祥红联、字画，并在彩桥周围悬挂成百上千幅绣有"富贵吉祥""国泰民安"等字样的标旗。老榕城人流传着一句："行头桥，行兴行灵精（精神抖擞)!"人们都祈盼着新的一年里兴旺发达，平安健康。男女老少纷纷祈福迎祥，参加搭彩桥活动。行彩桥者以妇女、儿童为最多，也有新婚夫妇参加。"行彩桥"从正月十一"行头桥"开始，度桥时每人手拿石子、瓦片等物，随心所欲投向桥下，同时口中念着押韵吉利话，不同年龄、不同性别的人念的吉利话不同。老妇人念"摸竹辂，十仔十媳妇"；少妇则念"摇竹丛，合天又合人"；要祈求发财，就念"掷浮浮，饲猪大过牛""掷深深，有银甲（和）有金"等。度桥时，妇女们从彩桥上随手采竹叶或榕树叶插在鬓边，意祈吉利，或拿回家插在门楣上，以祈求带来好运。最热闹是在夜晚，华灯初上，人们三五成群，扶老携幼，兴致勃勃向彩桥涌来，在各彩桥区，人流如潮，欢声笑语，弦歌悠扬，锣鼓喧天，气氛浓烈。随着人民群众生活水平的不断提高，"行彩桥"的内容也越来越丰富多彩，如在桥头放电影、演纸影戏、演奏民乐、舞狮等。"行彩桥"活动从正月十一"行头桥"延续至正月十五元宵夜"行二桥"达到高潮，正月十六"行尾桥"后活动即告结束。

古时榕城称玉滘村，玉滘溪（今南北滘）中段的石狮桥被视为中心彩桥，人人必行。这种地缘的中心观念一直流传至今。每到农历正月十一的第一个时辰，即正月初十的晚上十一点，榕城附近的人们纷纷涌到石狮桥"行头桥"祈求一年好运。石狮桥，因其桥旁供奉一尊石狮爷而得名，因此，每年在石狮桥，人们除了"行桥"，还多了一项活动——"摸石狮"。久而久之，人们还编了一首"摸狮口诀"：摸狮头，事事猴（贤明通达）；摸狮耳，生阿弟；摸狮额，有好食；摸狮鼻，写雅字；摸狮嘴，大富贵；摸狮肚，娶雅亩（老婆）。"摸石狮"成为行彩桥的一个附属活动，表达了人们对美好生活的期盼。

图2-4　摸狮子

"行彩桥"是潮汕人民闹元宵的一项传统民俗文化活动，在榕城家喻户晓，已成为群众元宵节庆不可缺少的一部分，人们通过"行彩桥"表达喜迎新春，祈求新年幸福吉祥的美好愿望，营造了欢乐、轻松、文明、祥和的氛围，具有家乡特色的“行彩桥”活动也透露着群众的共同心理、共同信仰、共同情趣，正是这种共同点，对凝聚人心、增进乡谊、促进和谐起着重要作用。

三、敬糖狮

图2-5　糖狮

传说狮子是百兽之王，能辟邪驱恶，有庄严、富贵之象征，历来特别深受潮人的敬爱。元宵节，人们在神前敬糖狮、祈求着新年好运、吉祥如意、大吉大利。糖狮一般由狮身、狮头、狮腿几部分组成，在潮汕，这种制作工艺代代相传，各家也各有自己的独家秘方。一般的做法是：首先，将去壳去膜的脆花生倒入麦芽糖或白糖熬制成的糖浆中；其次，将糖浆花生浇入雕刻成狮子形状的模具，等糖浆基本凝固成形后，去掉模具，得到糖狮的粗坯；再次，在糖狮粗胚上扑一层面粉，然后在面粉上画出狮子的眉、鼻、鬃、须、爪；最后画出眼睛（现在也有用通电的电灯做成眼睛）。这样，一只可以吃的狮子就做成了。用糖制作的狮子色彩晶莹鲜艳，造型纹饰优美，栩栩如生，千姿百态，大的富有气势，小的小巧玲珑，惹人喜爱。糖狮独具特色，乡土气息浓郁，集工艺美术、饮食文化和乡土风情于一体，充分体现了潮汕人的心灵手巧和丰富的艺术创造力。

阅读延伸

潮汕的糖狮属于传统糖塑工艺的一种。糖塑是中国民间传统的手工艺术，以糖为原料，将糖熬化，再通过吹、挑、拉、揪、捏、画等技巧制成人、物、鸟、兽等小玩意儿。糖塑艺术拥有悠久的历史。唐宋时期，人们以模型制作乳糖狮子，糖塑艺术发展迅速。宋人吴自牧在《梦粱录》中描绘了当时的热闹场景：“湖中南北搬载小船甚多，如撑船卖糖狮儿、糖小儿。”又如：“小儿戏耍家事儿，如戏剧糖果之类：行娇惜、宜娘子、秋千稠糖葫芦、火斋郎果子、吹糖麻婆子。”可见在宋代时糖塑已颇受欢迎。到了明代，人们将糖塑用于宴席或祭祀礼仪之中，有“享糖”或“兽糖”之称。《本草纲目》中记载：“紫糖亦可煎化，印成鸟兽果物之状，以充席献。”清代《天工开物》中亦有关于糖塑宴席之用的记载：“凡狮、象糖模，两合如瓦为之，杓泻糖入，随手覆转倾下。模冷糖烧，自有糖一膜靠模凝结，名曰享糖，华筵用之。”

造型精美、栩栩如生的糖塑作品，充分体现了人们对于日常生活的艺术描摹和创作，凝结着手工艺劳动人民的生存智慧。因糖的甜味，人们以糖寓意甜蜜；也因糖塑灵活生动、形象喜人的造型，成为人们寄托美好希望的象征。人们以糖塑表达孝道、祈求吉祥等寓意也在现今的年节、婚礼庆典、寿诞和丧葬等活动中得以流传。

四、猜灯谜

灯谜，又称文虎。猜灯谜，亦称打虎、弹壁灯、射、解、拆等。灯谜是中国民间传统的娱乐活动，多在晚上进行，也叫灯虎，现在多贴在墙上或挂在绳上。过去，潮汕猜谜都在元宵夜。花灯上贴着书写的谜面，任猜射人围猜。清朝顺治年间到潮州为官的陈坤曾在其《岭南杂事诗抄》中写道：“上元灯火六街红，人影衣香处处同。一笑相逢无别讯，谁家灯虎（猜谜有称‘射虎’）制来工。”咏的就是潮汕地区元宵当日的灯谜盛况。（见图2-6）

图2-6　灯谜

灯谜的谜底范围很广，从字谜、成语、诗词、各种用语，到事物、事件等皆可入谜。灯谜融思想性、文学性、知识性、教育性、趣味性于一体，是人民群众喜闻乐见的文化样式。潮谜的体裁有文字谜、画谜、印章谜和实物谜，其中实物谜是最受猜谜者感兴趣的一种体裁。例如，台上悬空挂着一只活螃蟹，或是桌子上摆着全猪，令围猜者竞猜，十分有趣。现在潮汕猜谜还保留着一种独特形式——击鼓猜谜。击鼓猜谜，采用的就是每报一个谜号击鼓一声“咚”，表示知道了；报一个谜文就再敲鼓一声“咚”，表示知道所猜的谜文；猜对了就敲鼓二声“咚、咚”，表示猜得中；释谜正确就再敲三声“咚、咚、咚”，表示解释得通、通、通；再敲一声锣，这源于古代鸣锣收金的习俗，表示这条谜语猜射结束。这种古风保留到现在也是非常难得的。

五、元宵节特色食品

元宵节除了观灯、猜谜、行彩桥等活动，美食也是必不可少的。元宵节潮汕的传统应节食品主要是汤圆和酥饺。

酥饺

酥饺，是潮汕的传统小吃，在潮汕人家，隆重的节日如春节、元宵节等，家家户户都会做酥饺。因春节与元宵节相距不远，因此潮汕人通常都是在年前就准备制作酥饺，以备春节、元宵节期间祭祀、待客之用。酥饺既好看又酥香。一口咬下去，饺皮的酥、馅料里糖浆的甜、花生和芝麻的香让人满口留香，欲罢不能。关于酥饺，在潮汕有一个优良传统，就是每家

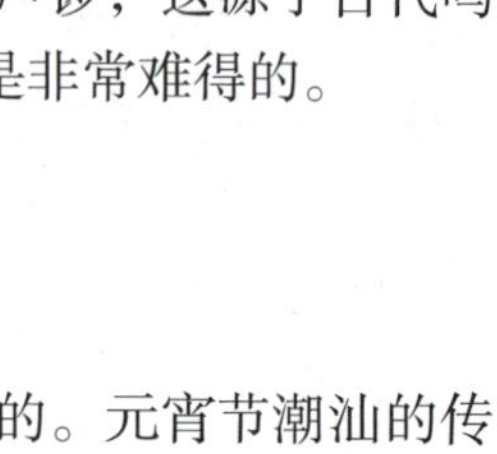

图2-7　酥饺

炸好酥饺后，最先要拿给长辈品尝，邻里之间、亲戚朋友再互送一些，剩下的留到过年请客人。正月头几天，各家各户的茶几上总摆着几盘酥饺，要是有亲友来拜年，便围在茶几边，边喝工夫茶边吃酥饺，那气氛温馨和谐，所以，酥饺也许是乡亲们孝敬长辈、联络感情的重要桥梁。

第三节
“元宵节”诗歌赏读

元宵节童谣

一

元宵节，真热闹，看花灯，吃圆子。
小牛灯，哞哞哞，小狗灯，汪汪汪。
小龙灯，飞得高，小兔灯，跑得快。

二

广场上，真热闹，摆满元宵原材料。
你搓搓，我按按，大家动手做元宵。
比一比，赛一赛，元宵游戏多好看。

三

元宵节，月亮圆。圆圆元宵黏又甜。
观花灯，踩高跷。大街小巷真热闹。
宝宝对着月亮笑，又是一年春来到。

四

十五的月亮圆又圆，十五的汤圆甜又甜。
十五的鞭炮响响响，点着烟花把歌唱。
十五的灯笼亮亮亮，拿着火烛把迷想。

五

元宵好，元宵妙，元宵好吃呱呱叫。
赏花灯，猜灯谜，欢天喜地闹元宵。

六

正月里来正月正，正月十五挂花灯。
耍狮子舞大龙，圆圆的汤圆碗里盛。
你一口我一口，甜美的生活好心情。

赏析

以上童谣主要歌唱元宵节的民间风俗，以儿童的眼光来描述观灯、挂灯、看烟花、猜灯谜、舞龙舞狮、吃元宵汤圆等风俗，“小牛灯，哞哞哞，小狗灯，汪汪汪。小龙灯，飞得高，小兔灯，跑得快”“十五的鞭炮响响响”“十五的灯笼亮亮亮”“元宵好吃呱呱叫”，童声童气，充满童趣。

青玉案·元夕①

［宋］辛弃疾

东风夜放花千树②，更吹落，星如雨③。宝马雕车④香满路。凤箫声动，⑤玉壶⑥光转，一夜鱼龙舞⑦。　蛾儿⑧雪柳⑨黄金缕⑩，笑语盈盈⑪暗香⑫去。众里寻他⑬千百度⑭，蓦然⑮回首，那人却在，灯火阑珊⑯处。

注释

①青玉案：词牌名。元夕：夏历正月十五为上元节、元宵节，此夜称元夕或元夜。

②花千树：花灯之多如千树开花。

③星如雨：指焰火纷纷，乱落如雨。星，指焰火。形容满天的烟花。

④宝马雕车：豪华的马车。

⑤“凤箫”句：指笙、箫等乐器演奏。凤箫，箫的美称。

⑥玉壶：比喻明月。亦可解释为指灯。

⑦鱼龙舞：指舞动鱼形、龙形的彩灯，如鱼龙闹海一样。

⑧蛾儿：古代妇女于元宵节前后插戴在头上的剪彩而成的应时饰物。

⑨雪柳：原意为一种植物，此处指古代妇女于元宵节插戴的饰物。

⑩黄金缕：头饰上的金丝绦。

⑪盈盈：声音轻盈悦耳，亦指仪态娇美的样子。

⑫暗香：本指花香，此指女性们身上散发出来的香气。

⑬他：泛指第三人称，古时就包括“她”。

⑭千百度：千百遍。

⑮蓦然：突然，猛然。

⑯阑珊：暗淡；零落。

译文

东风吹开了元宵夜的火树银花，花灯灿烂，就像千树花开。从天而降的礼花，犹如星雨。豪华的马车在飘香的街道行过。悠扬的凤箫声四处回荡，玉壶般的明月渐渐转向西边，一夜舞动鱼灯、龙灯不停歇，笑语喧哗。美人头上都戴着华丽的饰物，笑语盈盈地随人群走过，只有衣香犹在暗中飘散。我在人群中寻找她千百回，猛然回头，不经意间却在灯火零落之处发现了她。

赏析

古代词人写上元灯节的词，不计其数，辛弃疾的这首《青玉案·元夕》是其中知名度较高的作品。

这首词的上半阕写元宵之夜的盛况。“东风夜放花千树，更吹落，星如雨”：一簇簇的礼花飞向天空，然后像星雨一样散落下来。一开始就把人带进“火树银花”的节日狂欢之中。“宝马雕车香满路”：达官显贵也携带家眷出门观灯。跟下句的“鱼龙舞”构成万民同欢的景象。“凤箫声动，玉壶光转，一夜鱼龙舞”：“凤箫”是排箫一类的吹奏乐器，这里泛指音乐；“玉壶”指明月；“鱼龙”是灯笼的形状。这句是说，在月华下，灯火辉煌，沉浸在节日里的人通宵达旦载歌载舞。

关于词的下半阕“蓦然回首，那人却在，灯火阑珊处”，有两种说法。一种认为“那人”指的是“意中人”，词人偶一回头，却发现自己的意中人原来就站立在灯火昏黑之处，写的是词人经过等待、寻找、焦灼、失望之后突然获得的惊喜。另一种说法则认为，站在灯火阑珊处的那个人，是对词人自己的一种写照。当时词人不受朝廷重用，文韬武略无处施展，心中怀着一种无比惆怅之感，所以只能在一旁孤芳自赏，写的是词人受冷落后不肯同流合污的高士之风。

不管如何，从这首词中，我们可以了解到宋代元宵节人们观灯、放礼花等习俗，到处灯火辉煌，通宵达旦载歌载舞的热闹景象。

上元夜六首·其一

［唐］崔液

玉漏银壶①且莫催，铁关②金锁彻明开。

谁家见月能闲坐？何处闻灯不看来？

注释

①漏，壶：古代计时的器具，古人向铜壶里灌水，壶底打通一小孔，壶中立刻度箭，壶中的水逐渐减少，箭上的度数就依次显露出来，然后根据刻度计时，是为漏刻之法。

②铁关：官禁的城门，唐朝官禁森严，平时入夜即管关，天亮开放。

译文

滴漏箭壶，你不要这样一声比一声紧地催促呀，也不要过得那么快，今夜的城门要一直开到天亮呢！哪家看见明月都不会干坐着，哪里有人家听闻有灯火闪烁不来看？

赏析

我国素有元宵赏灯的风俗。崔液组诗《上元夜》七绝，共六首，描写了当时京城长安元宵赏灯的繁华景象，这是其中的一首。诗人笔下，元宵节这天，吃过晚饭，打扮一新的人们，按捺不住心中的喜悦，迫不及待地早早走出家门，三五成群相邀着、呼唤着、嬉笑着，涌出巷口，融入大街，汇进似潮喧闹欢腾的人流。人们兴高采烈地燃放烟花爆竹，挥舞狮子龙灯，观赏绚丽多彩的灯火，评论着、嬉戏着、赞叹着。越看越高兴，越玩越兴奋。元宵夜尽管解除了宵禁，但长安城的钟鼓楼上，仍旧按时报更；人们听了，都嫌时间过得太快，怕不能玩得尽兴，于是说：滴漏箭壶，你不要这样一声比一声紧地催促呀，也不要过得那么快，今夜的城门要一直开到天亮呢！颈联和尾联“谁家见月能闲坐？何处闻灯不看来？”“谁家”“何处”，实际是指万人空巷的盛况。这包括了上至王侯将相，下至平民百姓形形色色的各类人。因而，“谁家”“何处”这四字包含的内容实在太多，它把人声鼎沸、车如流水马如龙、灯火闪烁、繁花似锦的京城元宵夜景一语道尽。连用两个问句，不仅将盛景迷人，令人不得不往的意思表达得灵活传神，而且给人以无限回味的余地，言有尽而意无穷。

上元竹枝词

[清]符曾

桂花香馅裹胡桃，江米如珠井水淘。
见说马家滴粉好，试灯风里卖元宵。

赏析

这首竹枝词写的是人们在元宵节制作元宵、叫卖元宵的过程。香甜的桂花馅料里裹着核桃仁，用井水来淘洗像珍珠一样的江米。听说马思远家的滴粉汤圆做得好，趁着试灯的光亮在风里卖元宵。

生查子·元夕

［宋］欧阳修

去年元夜①时，花市②灯如昼③。
月上④柳梢头，人约黄昏后。
今年元夜时，月与灯依旧。
不见⑤去年人，泪湿⑥春衫⑦袖。

注释

①元夜：元宵之夜。农历正月十五为元宵节，自唐朝起有观灯闹夜的民间风俗。北宋时从十四到十六三天，开宵禁，游灯街花市，通宵歌舞，盛况空前，也是年轻人密约幽会、谈情说爱的好机会。

②花市：民俗每年春时举行的卖花、赏花的集市。

③灯如昼：灯火像白天一样。据宋代孟元老《东京梦华录》卷六《元宵》载："正月十五日元宵……灯山上彩，金碧相射，锦绣交辉。"由此可见当时元宵节的繁华景象。

④月上：一作"月到"。

⑤见：看见。

⑥泪湿：一作"泪满"。

⑦春衫：年少时穿的衣服，也指代年轻时的自己。

译文

去年正月十五元宵节，花市灯光像白天一样雪亮。月儿升起在柳树梢头，他约我黄昏以后同叙衷肠。今年正月十五元宵节，月光与灯光同去年一样。再也看不到去年的那个人，泪珠儿不觉湿透衣裳。

赏析

这首词语言浅近，情调哀婉，以热闹繁华的元宵节为背景，展现相同节日里的不同情思，仿佛影视中的蒙太奇效果，将不同时空的场景贯穿起来，使今昔情景之间形成哀乐迥异的鲜明对比，表达了词人所欲吐露的感情上的伤感体验，读来一咏三叹，令人感慨。

第四节 多领域"元宵节"主题教育活动设计

艺术领域活动：手工制作"锦鲤灯笼"

（适用班级：大班）

一、设计意图

农历正月十五是中国民间的传统节日——元宵节，为了让幼儿感受到中国民间传统节日的氛围及元宵观灯所蕴含的独特意义，特设计并组织相关活动，让幼儿了解元宵节的由来及元宵花灯的起源由来，培养幼儿了解传统文化的同时激发起爱国热情。

二、活动目标

1. 知道正月十五是元宵节。
2. 了解元宵节中关于元宵花灯的历史由来及其所蕴含的意义。
3. 引导幼儿观察鲤鱼游动的姿态，丰富幼儿的感性体验。
4. 培养幼儿的动手能力，激发幼儿对于美的创造。

三、活动准备

一次性纸杯、订书机、水彩笔、铅笔、剪刀。

四、活动过程

（一）导入

元宵观灯的习俗距今已有2 000多年的历史，以前的花灯，更多的是为了庆祝国泰民安、民富国强；现如今，花灯之举虽仍然存在，但平淡了许多，幸亏如今因着中国热，灯笼又逐渐在居家装饰上扮演着重要的角色，但是灯笼的材料，有的由原来的纸、竹子，变成布、塑胶、铁线，而且灯笼的形状和颜色与传统也大不相同。

除了照明以外，灯笼还有其他意义。每年正月私塾（古代的学校）开学时，家长会为子女准备一盏灯笼，由老师点亮，象征学生的前途一片光明，称为“开灯”。后来就由此演变成元宵节提灯笼的习俗。

图2-8

图2-9

（二）观察图片

观察图片，说说鲤鱼花灯的外形特征。（见图2-10、图2-11）

图2-10

图2-11

（三）制作过程

1. 用铅笔在第一个杯子的两边画出两个三角形并剪掉。（见图2-12）
2. 用剪刀剪下其中两个杯子的底部，修整边缘作为鱼灯的眼睛。（见图2-13）

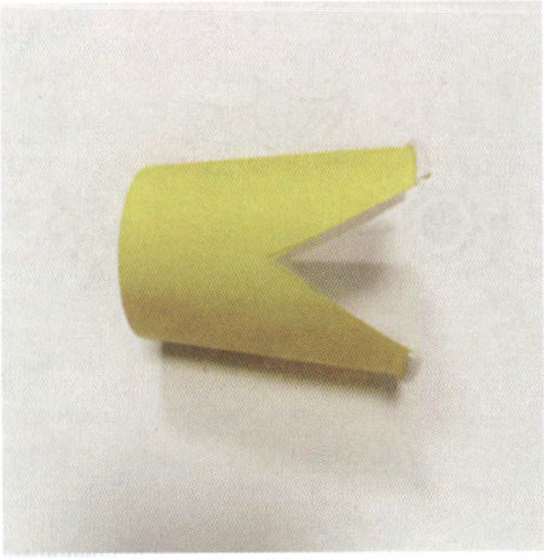

图2-12

图2-13

3. 在最后一个杯子距离底部大概一厘米的位置剪出一部分做鱼灯的尾部，在另一部分上分别画出鱼尾巴和鱼鳍。（见图2-14）

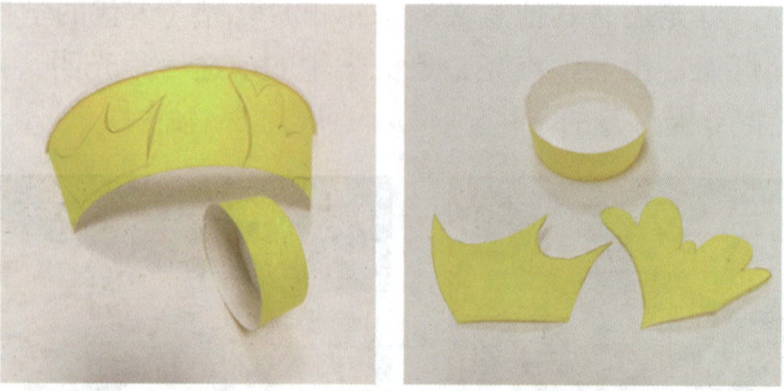

图2-14

4．分别给鱼眼睛、鱼头、鱼身、鱼尾巴上色，注意画出鱼鳞的层次，采用多种颜色进行搭配。（见图2-15）

图2-15

5．用胶水将鱼眼睛、鱼鳍和鱼尾巴分别粘在对应的位置上，将其中一个鱼身插在鱼头里面，用胶水固定，等胶水干透后用订书机将杯子钉在一起，注意顺序。（见图2-16）

6．最后取一根一次性筷子用胶水粘在鱼灯的中间，这样锦鲤鱼灯就做好啦。（见图2-17）

图2-16

图2-17

（四）展示成果

与同伴交流，展示自己的创作成果，体验创作的乐趣。

艺术领域活动：绘画“汤圆宝宝会游泳”

（适用班级：中班）

一、活动目标

1. 了解认识元宵节的由来及风俗习惯。
2. 通过了解北方和南方过元宵吃食的不同，认识南北文化的差异。
3. 学会运用不同的表情表达情绪，宣泄情感。

二、活动准备

8开红色卡纸、灰色卡纸、大号棉棒、白色颜料、水彩笔。

三、活动过程

（一）导入

正月十五元宵节，古时称“上元”“元夕”“元夜”，或“灯节”，是中国的传统节日之一。正月十五夜是一年中第一个月圆之夜，也是家人团圆吃元宵、赏灯之夜。

（二）吃汤圆的由来

正月十五吃元宵（汤圆），在中国由来已久。在宋代，民间流行一种在元宵节吃的新奇食品，叫“浮元子”，后称“元宵”，生意人还美其名曰“元宝”。按照地方传统习俗，北方称吃元宵，而南方则称吃汤圆。

（三）观察图片

观察汤圆的图片，认识汤圆的外形（见图2–18）和不同馅料的汤圆（见图2–19）。

图2–18

图2–19

（四）制作过程

1. 在灰色卡纸上画出一口锅和一把勺子，并在上面装饰图案，注意锅口要画得又大又圆。（见图2–20）

2. 把画好的锅和勺子剪下，贴在红色的卡纸上。锅贴在卡纸左下角，勺子贴在卡纸右上角。（见图2–21）

图2–20

图2–21

3. 用棉棒蘸取白色颜料在锅里面印上圆圆的汤圆，要有遮挡关系和单复数区别。

4. 同样的手法在勺子上印上两颗汤圆。（见图2–22）

5. 等颜料干透后用黑色水彩笔在汤圆上画不同表情和小手，像在游泳一样。

6. 给汤圆画上腮红，如红豆馅的就画成红色，芝麻馅的就画成灰色。（见图2–23）

7. 在锅里画上沸腾的水和热气，在勺子边上画几条曲线，营造汤圆跳水的感觉。（见图2–24）

图2–22

图2–23

图2–24

艺术领域活动：美味的汤圆

（适用班级：小班）

一、设计意图

吃汤圆是元宵节的主要习俗之一，历史悠久，汤圆吃起来滑爽细腻，深受欢迎，并代表着团圆美满之意，有着十分浓烈的节日氛围。本活动以元宵节为契机，加深幼儿对汤圆的了解，感受它的美味与元宵喜庆的氛围，萌发对元宵节的喜爱之情。

二、活动目标

1. 认识汤圆的外形特征，知道元宵节吃汤圆的习俗。
2. 尝试用颜料拓印、添画的方法表现汤圆。
3. 感受汤圆的美味与元宵节喜庆的氛围。

三、活动准备

“元宵习俗”实拍图：汤圆馅料实拍图、汤圆实物（不同颜色与味道）、汤圆馅料实物、勺子、碗、“手工材料”组图；“手工成品”图片、纸面教具（“汤碗”、颜料、不同大小的海绵印章、油画棒）。

四、活动过程

1. 出示“元宵习俗”实拍图，引导幼儿初步感知“吃汤圆”习俗。

师：小朋友们看到了什么？人们在做什么呢？

小结：元宵节是中国传统的节日，在这天人们会挂花灯、猜灯谜、舞龙舞狮、吃元宵来庆祝。

2. 师幼谈话，唤起幼儿对汤圆的印象。

师：你们吃过汤圆吗？汤圆的味道是怎样的？汤圆是什么样子的？

小结：今天，老师带小朋友们来认识美味的汤圆。

3. 观察汤圆实物，引导幼儿进一步思考，加深对汤圆的了解。

（1）出示图片“汤圆—外观”。

师：元宵是什么形状的呢？

（2）出示图片“元宵—颜色”。

师：元宵是什么颜色的呢？

还有什么颜色的元宵呢？

（3）出示不同种汤圆实物，引导幼儿观察与品尝，进一步加深对汤圆的了解。

小结：元宵的身体圆圆的，有各种各样不同的颜色。咬开元宵，里面还包着不同的馅料，味道甜甜的，很美味。

4. 引导幼儿联系已有经验讲出各种味道的汤圆，随后出示不同味道汤圆的主要馅料。

师：汤圆有很多不同的味道，你们吃到的汤圆都有哪些馅料的呢？

小结：汤圆有各式各样的馅料，比如芝麻、红豆、核桃、水果，都非常好吃。

5. 出示汤圆与“手工材料”，通过对比丰富幼儿的绘画经验。

（1）出示汤圆实物及海绵印章，引导幼儿了解表现汤圆外形的方法。

师：汤圆圆圆的外形，我们可以怎么漂亮地画出来呢？

小结：可以用圆形的海绵印章印压出汤圆的形状。

（2）出示不同颜色的汤圆、颜料及油画棒，引导幼儿了解表现汤圆颜色与馅料的方法。

师：元宵可以用什么颜色表示呢？

小结：等颜料干了，可以用油画棒画上馅料。

（3）出示纸面教具“汤碗”，鼓励幼儿大胆想象。

师：你想创作一碗什么样的汤圆？它们是什么颜色的？你想给碗画些什么花纹呢？

6. 出示手工成品图，发放材料鼓励幼儿用拓印、添画的方法制作汤圆。

师：我们可以用不同大小的海绵印章沾一沾颜料，在“汤碗”上印出大大小小的元宵，还可以用油画棒在元宵旁画上其他好吃的食物、馅料等等，开动你们的小脑袋，看看油画棒还可以画些什么。

7. 幼儿分享作品，教师进行点评。

五、活动延伸

（一）日常活动

元宵节或吃点心时，可组织幼儿品尝汤圆，感受元宵的美味。

（二）家园共育

1. 可在元宵前后与幼儿一起制作元宵，丰富生活经验。
2. 元宵节时，可带幼儿外出赏花灯、猜灯谜、看舞龙舞狮，感受元宵节的氛围。

艺术领域活动：做元宵

（使用班级：中班）

一、设计意图

让幼儿能运用揉、搓、团圆和包馅等技能做元宵，知道元宵节是中国的传统节日，进一步了解元宵节的习俗，品尝元宵的不同味道，体验劳动的快乐。

二、活动目标

1. 知道元宵节是中国的传统节日，了解元宵节的习俗。
2. 能运用揉、搓、团圆和包馅等技能做元宵。
3. 品尝元宵的不同味道，体验劳动的快乐。
4. 通过参加节日环境创设，感受参加元宵节庆祝活动的乐趣。

三、活动准备

1．有关元宵节的录像。

2．煮好的馅料有黑芝麻、豆沙、五仁等不同口味的元宵若干。

3．花灯。

4．黑芝麻、豆沙、五仁馅若干分别盛在小碗内，糯米粉和好并分成小团，并准备适量干糯米粉。

5．碗、勺子、抹布、塑料台布，盛元宵的容器。

6．欢快的元宵乐曲。

图2–25

四、活动过程

1．观看元宵节相关录像，引出主题。

（1）师：小朋友们在录像中看到了什么？

幼：吃元宵、看花灯、猜灯谜、放烟花……（引出元宵节的习俗）

（2）教师讲解元宵节的来历，让幼儿知道元宵节是中国的传统节日。

（3）教师介绍元宵节的习俗之一是吃元宵，元宵又叫汤圆，它象征着全家团圆，生活幸福甜美。

2．学做元宵。

（1）对话导入。

师：小朋友们吃过元宵吗？

幼：吃过。

师：吃过什么馅的呢？

幼：五仁、豆沙、黑芝麻……

师：小朋友们真厉害！吃过这么多的口味。那大家来看看老师这里的元宵是什么口味的。（请小朋友挨个品尝不同口味的元宵，并说出其口味）

师：元宵是什么形状的啊？

幼：圆形的。

师：你们想不想自己来动手做元宵呢？

幼：想。

（2）带领幼儿认识做元宵的原料：黑芝麻、豆沙和五仁馅，和好的糯米粉团，干糯米粉。

（3）教师示范做元宵：先将小团的糯米粉揉一揉，团圆，再挖坑，然后把馅放在中央并包起来，最后再把它团圆。

（4）让幼儿自己动手做元宵，根据教师讲解的做元宵时的重要细节揉、搓、团圆、挖坑、包馅，并根据自己的口味选择馅料，最后将做好的元宵整齐地排列在容器中。

（让幼儿了解元宵的形状、颜色及不同口味，同时能运用揉、搓、团圆、挖坑和包馅等技能制作元宵）

3. 品尝元宵，体验劳动的快乐。

（1）教师出示花灯，让幼儿跟随音乐舞花灯、猜灯谜。

（2）煮元宵，同时让幼儿先洗手并摆好碗、勺。

（3）幼儿品尝元宵，互相分享此时心里的感受，体验劳动的快乐。

艺术领域活动：古画里的花灯

（适用班级：大班）

一、设计意图

元宵节是一年中的第一个月圆之夜，又称上元节、灯节，属于我国的传统节日之一，有着悠久的历史。这一天家家户户都沉浸在其乐融融的氛围当中，一起吃汤圆、赏花灯，那古代的花灯跟我们现在常见的花灯有什么区别吗？对古画的欣赏就是一个很好的了解途径。

二、活动目标

1. 了解各种造型的花灯及其寓意。

2. 能主动与同伴交流自己对于欣赏对象的看法。

3. 通过“身临其境”的方式，帮助幼儿更好地进行观察和感知，体验欣赏活动的乐趣。

三、活动准备

1. 物质准备：《明宪宗元宵行乐图》的图片、卡纸、画笔。

2. 知识经验准备：与家人共度元宵节的经历。

四、活动过程

（一）导入（引入活动）

师：小朋友们都是怎么闹元宵的呀？你觉得过元宵节最让你感到开心的事情是什么呢？

（幼儿自由讨论，教师引导幼儿了解元宵节的相关民俗）

（二）正式（基本部分）

（1）元宵节之花灯。

师：小朋友们的元宵节花灯是什么样子的呢？花灯是由哪些部分构成的？你最喜欢什么形状的花灯？

（用谈话的方式激发幼儿对欣赏对象的兴趣，引导幼儿回忆与欣赏对象相关的生活认知经验）

（2）出示《明宪宗元宵行乐图》。（见图2-26）

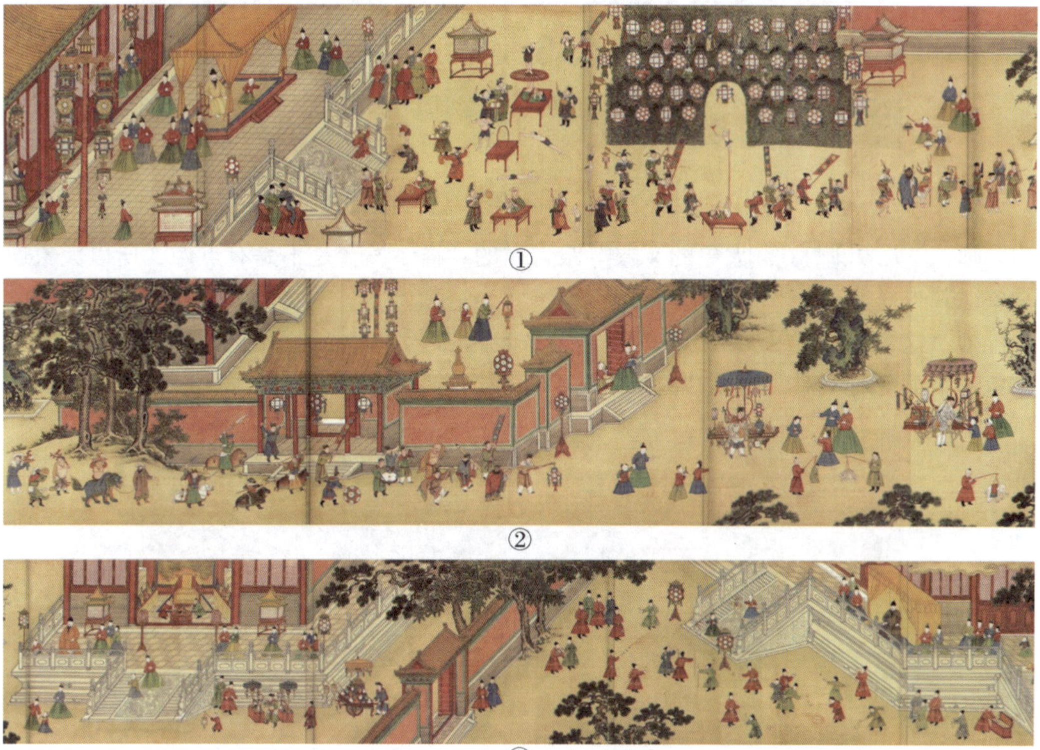

①

②

③

图2-26

①宫廷里的元宵节。

师：小朋友们在画中看到了什么？他们是在什么地方，这些人在干什么？里面的人物有着怎样的神态、动作呢？

（《明宪宗元宵行乐图》是一幅反映宫廷生活的风俗画，描绘的是明宪宗朱见深在元宵节这一天，于内廷观赏花灯、看戏的热闹场面）

②各式各样的宫灯。（见图2-27）

师：画中除了人以外，还有什么其他的东西？这些宫灯都是什么形状的呢？

（引导幼儿认真观察，描述物体的外在特征，教师适当地进行扩展补充）

师：这只外形像青蛙一样的动物其实是叫蟾蜍，有一个词叫“蟾宫折桂”，“蟾宫”在古代是月亮的另一个名字，“折桂”寓意科举高中，科举就是古代的考试，所以“蟾蜍灯”常常用来祝福参加考试的人，可以取得好的名次。

师："官人灯"就是一个人的形状，看起来是不是有点奇怪呢？但在古代却是有着很好的寓意，代表仕途顺利，步步高升，也就是希望工作能顺顺利利。

①

②

图2-27

师："大象花灯"，大象的"象"跟吉祥的"祥"发音是不是有点像，所以大象通常象征着吉祥如意。

师：这是一个"螃蟹灯"，螃蟹是怎么走路的呀？横着走路的螃蟹是不是很霸气；小兔子很可爱对不对，所以"兔子灯"会为我们送来吉祥和好运。

①

②

图2-28

师：大家知道跟"马"有关的成语吗？"马形灯"代表着"马到成功"，希望能够快速取得胜利。小朋友们认不认识仙鹤，也就是丹顶鹤，在我们国家的文化里，仙鹤是吉祥、长寿的象征，所以"鹤形灯"是不是很适合送给我们的爷爷奶奶呀！

③设计花灯。

师：如果让你来设计一款宫灯的话，会是什么造型的呢？现在请小朋友们把各自设计的宫灯在卡纸上画出来，我们一起来制作一份宫灯图鉴吧！

（幼儿作画，教师巡堂指导，鼓励幼儿发挥想象，大胆创作）

（三）结束（回顾总结）

师：小朋友们设计出了许多有趣又漂亮的花灯，你的花灯是不是也蕴藏某种寓意呢？现在请小朋友们来分享自己的设计吧！

（鼓励幼儿大胆地说出自己的看法，自由开展交流与讨论）

五、活动延伸

与幼儿一起共读元宵节相关古诗：宋代欧阳修《生查子·元夕》。

艺术领域活动：绘画“七彩花灯”

（适用班级：小班）

一、活动目标

1. 锻炼幼儿的控笔能力。
2. 培养幼儿对色彩搭配的兴趣和前后空间关系的认识。
3. 感受颜色在宣纸上晕开的过程。

二、活动准备

国画卡纸、各种颜色的水彩笔、水粉笔、绳子、胶水。

三、活动过程

（一）观察图片

观察图片中各种灯笼的造型，有圆球形、长方体形、扁桃圆形和各种小动物形状等。（见图2–29）

图2–29

（二）制作过程

1. 用各种颜色的水彩笔在卡纸上画出三到四个大灯笼，颜色可以叠加。
2. 在大灯笼后面用单颜色水彩笔画出小灯笼，形状不一。（见图2–30）

图2–30

3. 用水彩笔沾水轻轻地点在灯笼上面，让它晕开。（见图2–31）

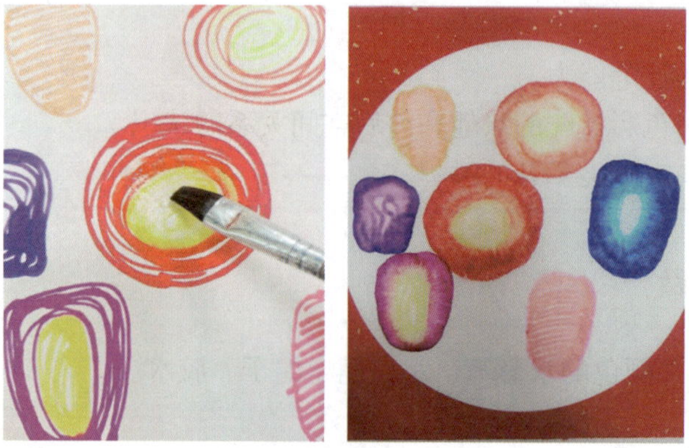

图2–31

4. 等干后，用红笔等画出灯笼的纹路和装饰。（见图2–32)

图2–32

5. 用绳子将灯笼串起来，并在背景纸上点出彩色的小圆点。（见图2–33）

图2–33

四、活动延伸

回家与家人分享今天课堂上的收获和成果，交流更多跟元宵节有关的知识。

语言领域活动：赏花灯猜灯谜

（适用班级：大班）

一、设计意图

大班的幼儿对元宵节的传统文化和民俗习惯已有一定的了解，可以设计情境活动，让幼儿通过自身的参与和表现，进一步获得对节日气氛的体验，获取多方面的经验。

二、活动目标

1. 引导幼儿了解赏花灯、猜灯谜是元宵节的风俗习惯，感受过节的愉悦心情。
2. 能用清楚连贯的语言描述自己的花灯，并讲述一个谜语。
3. 培养幼儿的语言交往能力。

三、活动准备

1. 物质：每人准备一盏花灯，上面贴有一则谜语，小奖品若干。
2. 知识：有过过节的生活体验。

四、活动过程

1. 开门见山，引入主题。

师：小朋友们，我们在什么节日会吃汤圆呀？

幼：元宵节。

师：那么元宵节除了吃汤圆，我们还会做什么呀？

幼：赏花灯、猜灯谜。

师：没错，今天我们的小朋友也带来了自己的花灯，我们一起来赏花灯、猜灯谜，好不好呀？

幼：好！

2. 赏灯活动。

图2–34

（1）幼儿相互欣赏各自的花灯，教师引导幼儿用连贯的语言介绍自己花灯的形状、颜色、名称及特别之处。

（2）请几名幼儿给大家介绍自己的花灯。

（3）请几名幼儿给大家介绍他人的花灯。

3. 猜谜活动。

师：小朋友们的花灯都好有特色啊！请小朋友们仔细观察下，花灯上写的是什么呀？

幼：有好多字！

师：没错，那些字就是灯谜，让我们来猜一猜谜底是什么好不好？

幼：好！

（1）教师将幼儿分成A、B两组，A组幼儿持花灯和奖品，并且给B组幼儿念灯谜让其猜谜语，猜中可得奖品。教师讲解玩法，幼儿自愿参与，A、B两组可进行交换。

（2）集体讲述自己猜谜的情况：谁猜中了我的灯谜？我自己猜中了几个灯谜？

（3）集体选出难猜的灯谜，大家一起猜，或带回家请爸爸妈妈帮助猜。

4. 活动延伸。

将A组和B组得到的奖品比一比，看哪队胜利了。鼓励幼儿将自己猜到的谜语回家说给爸爸妈妈听，让他们也来猜一猜。

附：谜语资料

1. 冰雪融化（开封）	2. 日近黄昏（洛阳）
3. 圆规画鸡蛋（太原）	4. 萤火虫（昆明）
5. 胖子开会（合肥）	6. 大家都笑你（齐齐哈尔）
7. 一路平安（旅顺）	8. 千里戈壁（长沙）
9. 四季花开（长春）	10. 海上绿洲（青岛）
11. 全部溶解（通化）	12. 全面整顿（大理）

13. 背景分明（北京）
14. 一寸光阴一寸金（贵阳）
15. 巨轮出海（杭州）
16. 风平浪静（宁波）
17. 金银铜铁（无锡）
18. 空中码头（连云港）
19. 夸夸其谈（海口）
20. 向日葵（朝阳）
21. 见脸不见发（包头）
22. 永久太平（长安）
23. 蓝色之洋（青海）
24. 东方有战乱（西安）
25. 相差无几（大同）
26. 红色的山（赤锋）
27. 不冷不热的地方（温州）
28. 觉醒了的大地（苏州）
29. 烽火堡（烟台）
30. 沃野千里（平壤）
31. 良材（佳木斯）
32. 雪盖冰河（银川）
33. 花满海湾（香港）
34. 宝树丛丛（吉林）
35. 羊上法庭（沈阳）
36. 全民炼钢（大冶）
37. 拿枪的兵（武汉）
38. 快乐之地（神州）
39. 食盐增产（咸丰）
40. 东南北（西藏）
41. 字谜：山上还有山（出）
42. 字谜：十张口，一颗心（思）
43. 字谜：说它小，下边大，说它大，上边小。（尖）
44. 字谜：一只黑狗，不叫不吼（默）
45. 字谜：差一点六斤（兵）
46. 字谜：家中添一口（豪）
47. 字谜：自小在一起，目前少联系（省）
48. 字谜：点点成金（全）
49. 字谜：一人一张口，下面长只手（拿）
50. 字谜：四面都是山，山山都相连（田）
51. 字谜：种花要除草，一人来一刀（化）
52. 字谜：存心不让出大门，你说烦人不烦人（闷）
53. 字谜：一只狗，两个口，谁遇它谁发愁（哭）
54. 字谜：皇帝新衣（袭）
55. 字谜：一点水准（淮）
56. 字谜：格外大方（回）
57. 字谜：七十二小时（晶）
58. 字谜：需要一半，留下一半（雷）
59. 字谜：一月一日非今天（明）
60. 茎儿许多根，果子泥里存，没花也没叶，没枝也没根。（打一植物）荸荠
61. 红线吊绿球，吊上树梢头，不怕风和雨，只怕贼来偷。（打一植物）猕猴桃
62. 陶令最怜伊，山径细栽培，群芳冷落后，独自殿东篱。（打一植物）菊花
63. 状如蘑菇一珍宝，当年白蛇将它盗，其实是味好草药，滋补健身价值高。（打一植物）灵芝

64. 一个婆婆园中站，身上挂满小鸡蛋，又有红来又有绿，既好吃来又好看。（打一植物）枣树

65. 胡子不多两边翘，开口总是喵喵喵，黑夜巡逻眼似灯，粮仓厨房它放哨。（打一动物名）猫

健康领域活动：元宵节童谣

（适用班级：大班、中班、小班）

一、设计意图

元宵节，是仅次于春节的隆重节日，通过学习元宵节童谣，让幼儿感受元宵节的热闹、喜庆气氛。

小班儿歌：元宵节，月亮圆。
圆圆元宵粘又甜。
观花灯，踩高跷。
大街小巷真热闹。
欢天喜地闹元宵，
又是一年春来到！

中、大班儿歌：
看花灯，吃元宵。
小牛灯，哞哞哞。
小狗灯，汪汪汪。
小龙灯，飞得高。
小兔灯，跑得快。
欢天喜地闹元宵。
窗外月儿圆又圆，
全家欢聚吃汤圆。
正月十五元宵节，
家家户户庆团圆。

二、活动目标

1. 通过全园主题会，进一步了解元宵节的来历、意义以及主要的风俗习惯，感受元宵节的热闹、喜庆气氛。

2. 积极参与主题会的准备和庆祝活动，大胆表达自己的情感与体验。

3. 大、中班幼儿乐于与弟弟、妹妹交往并关心弟弟、妹妹，小班幼儿乐意与同伴

分享食品和快乐。

三、活动准备

1. 张贴海报，邀请家长来园参加活动。
2. 举办幼儿自制花灯展，开展自制花灯评比活动。
3. 展出能反映幼儿不断丰富元宵节经验的资料和照片。
4. 排练舞龙、踩高跷、划旱船等节目。
5. 自制、品尝元宵的各种材料和工具。

四、活动过程

1. 锣鼓队、腰鼓队进场，主持人宣布活动开始。
2. 在《金蛇狂舞》的伴奏下，师幼进行舞龙、划旱船、踩高跷、扭秧歌表演。
3. 知识竞答活动。
4. 宣布制作花灯的评比结果，为获奖幼儿颁奖。
5. 文艺表演与游戏、猜谜活动穿插进行。
6. 亲子元宵美食活动。

五、活动延伸

与家人或朋友交流，了解更多关于元宵节的习俗。

社会领域活动：良辰美景共赏，佳节游园齐乐

（适用班级：小班、中班、大班）

一、设计意图

通过游园活动，让孩子们体验元宵节的乐趣。

二、活动目标

1. 知道农历正月十五是我国的传统节日——元宵节，了解元宵节的来历及习俗（玩灯、赏灯、吃元宵、划旱船等）。
2. 知道元宵节有赏灯猜谜的习俗，初步了解灯谜的结构。
3. 积极参加猜谜活动，体验猜想和推测的快乐。

三、活动准备

（一）物品准备

自制灯笼、米奇、奖品、易拉罐、玩具筐、气球、条幅、音乐、桌椅、灯谜、答题卡、铅笔、笑脸、哭脸、元宵、碗、牙签、活动广告、活动宣传页等。

（二）人员安排

1. 咨询接待：X老师、Y老师
2. 灯笼展示：X老师（家长可以为喜欢的灯笼贴贴画、准备售带、贴画或便利贴）
3. 中班教室展示元宵节动画片（X老师、Y老师）
4. 催场：X老师
5. 吃元宵——碗、勺子（X老师、Y老师、Z老师）
6. 音乐播放（X老师）照相（Y老师）
7. 元宵节故事讲述：X老师
8. 米奇扮演：X老师
9. 场外布置：全体老师

四、活动过程

1. 主持人致开场词。
2. 故事讲述：元宵节的由来。（老师提前准备故事进行讲述）
3. 唱唱跳跳——米奇和我闹元宵。（米奇和老师带领小朋友跳舞庆祝）
4. 亲子游戏：看你笑不笑。

规则："米奇"和"开心老师"做出搞笑的动作或者表情来逗家长和孩子，家长用上唇和鼻子夹住一支铅笔尽量保持不要掉落，老师宣布开始后家长铅笔掉落或者孩子发笑，都视为失败，坚持到最后的家庭为获胜家庭，发放礼物。

5. 欢乐元宵——蒙眼画灯笼。

规则：老师给参赛家庭展示一幅灯笼的图画，参赛家长在规定时间内蒙上眼睛凭记忆内容作画，规定时间内灯笼画得最好的家庭获胜。

6. 欢乐元宵——提灯笼游戏。

规则：爸爸妈妈在规定时间内，用提灯杆在指定路线往返运送灯笼（旺仔易拉罐），规定时间内宝宝筐里瓶数最多者获胜，赢得奖品。

7. 欢乐元宵——猜灯谜。

规则：老师将家庭分组，每组5～10道谜题，答对题数最多者获胜，获胜者可以扎"幸运气球"赢大礼。

8. 欢乐元宵——和我一起吃元宵。（后勤人员提前做好糕点及元宵和大家分享）

五、活动延伸

与家人或朋友交流，分享游园带来的乐趣，了解更多关于元宵节的习俗。

语言领域活动：参观花灯展

（适用班级：大班、中班、小班）

一、设计意图

通过参观花灯展，让小朋友感受花灯的多种多样。

二、活动目标

1. 欣赏各种各样的花灯，进一步感受花灯丰富的外形、色彩、图案等特点。
2. 能大胆地用连贯的语言讲述自己的经验和观察中的发现。
3. 产生自己制作花灯的愿望。

三、活动准备

园内布置花灯展。

四、活动过程

1. 参观花灯展，感受花灯的多种多样。

（1）进入展厅，提出参观要求。

指导语：这里有许多花灯，大家来看一看，并说说自己的感受和发现。

（2）自由结伴欣赏和交流。

（3）集体交流自己的感受与发现。

指导语：看了这些花灯，你有什么感觉？

2. 选择自己最喜欢的花灯欣赏并讲述。

（1）教师示范讲述，为幼儿提供欣赏和讲述的思路。

指导语：你最喜欢的灯是什么？为什么？它是什么样子的？

（2）幼儿选择自己最喜欢的花灯进行欣赏。

（3）幼儿讲述自己最喜欢的花灯。

（4）归纳、丰富讲述经验。

指导语：

（1）在向别人介绍自己最喜欢的一件物品时，应该说清楚什么？

（2）可以从哪些方面介绍自己喜欢的原因？

3．拓展思维，激发自制花灯的愿望。

（1）回忆已有经验，进一步了解花灯的多样性。

指导语：除了我们刚才看到的，你还见过哪种花灯？

（2）欣赏用废旧材料制作的花灯，激发自制花灯的愿望。

五、活动延伸

与家人或朋友交流，分享我所知道的元宵节是什么样子的。

科学领域活动：做元宵

（适用班级：大班、中班、小班）

一、设计意图

通过参与制作元宵，让小朋友体验庆祝节日、分享劳动成果的快乐。

二、活动目的

1．激发幼儿参与制作元宵活动的兴趣，体验大家一起庆祝节日、分享劳动成果的快乐。

2．指导幼儿学习用团、捏、滚等技能制作元宵；在做元宵、煮元宵的过程中感知滚动、沉浮等生活、科学常识。

3．引导幼儿了解元宵节的意义、民族习俗及元宵的来历、品种等。

三、活动准备

1．做元宵需要的材料：糯米粉、各种馅、水、电炉、锅等。

2．教师、幼儿提前收集关于元宵节民间习俗的资料。

3．音乐《喜洋洋》等。

4．布置好活动场地。

四、活动过程

（一）开场白（以《喜洋洋》音乐为背景音乐）

（教师和幼儿站立在前面）可爱的小朋友们，大家好！今天我们教室里喜气洋洋，热闹非凡，因为我们马上就迎来元宵节，孩子们，你们高兴吗？为了迎接元宵节的到来，我们一起表演一个节目，好不好？

（二）进入活动

小朋友们表演得真棒，请大家送给他们一点掌声，好吗？孩子们请坐，老师知道你们不仅节目表演得好，而且都是爱动脑筋的小朋友，下面老师就来考考你们，哪位小朋友知道元宵节在什么时候？（正月十五）元宵节人们有什么习俗？（吃元宵、打灯笼等）

教师补充材料：元宵的来历。

小朋友们看，今天高老师给你们带来了几样礼物，（教师展示几种元宵）这是什么？你知道它们是用什么材料做成的吗？（糯米粉、各种馅、水）孩子们，元宵这么漂亮，课前我们准备好了这些材料，（展示做元宵需要的材料）你们想用这些材料来做元宵吗？

大家先不要着急做，谁知道做元宵分几部分？元宵是什么形状的？我们怎样把元宵做成圆的呢？（把它捏圆了、用滚的方法、把元宵包好后放在手里团）小朋友们真聪明，我们现在就开始做元宵。

小朋友们，我们这里有做元宵的材料，大家把做好的元宵放进自己面前的小盘子里。待会儿把你自己做的元宵煮来吃，谁做得多，谁就吃得多。

幼儿开始制作，教师给予适当的辅导和帮助。（放背景音乐《喜洋洋》）

（三）幼儿展示自己的作品

现在，小朋友们都已经做完了，我们看看谁做得又快又好。接下来就是我们的“快乐恰恰恰”时间。请各位小朋友吃自己的元宵。（老师动员做得多的小朋友让一些给做得少的小朋友）

（四）煮元宵、吃元宵

小朋友们仔细观察，看元宵在煮熟前后有什么变化？（元宵煮前沉在锅底，煮熟后浮起来了。元宵煮熟后比煮前大一些）小朋友们越来越聪明，也越来越善于观察了。好，现在我们就来享受我们自己的劳动成果。

（五）教师总结

今天，小朋友们在一起度过了一段快乐的时光，我们不但知道了元宵节要吃元宵，还知道了怎样去做元宵。小朋友们不仅学到了知识，还学会了观察。只要我们平时稍加留心，在我们的身边，有许多地方非常奇妙，值得我们去看。

本次活动到此结束。祝大家元宵节快乐。

五、活动延伸

与家人或朋友交流，分享亲手制作元宵的快乐。

科学领域活动：制作“酥饺”[1]

（适用班级：大班）

一、设计意图

元宵节是我国传统的节日之一，其赏灯、猜灯谜、吃元宵等活动寄托着人们的美好祝福和愿望。《幼儿园教育指导纲要》指出幼儿园应“充分利用社会资源，引导幼儿实际感受祖国文化的丰富与优秀”。作为潮汕人，我们应该弘扬传承潮汕文化。根据大班幼儿的年龄特点，我从幼儿熟悉的生活入手，整合多种活动形式，充分利用社区、家庭、同伴资源，加深幼儿对潮汕文化的认识，体验做酥饺的乐趣。

这次课程活动使幼儿不仅能对潮汕元宵节的传统文化和（民俗）习惯有一个基本的了解，更可以通过自身的参与和表现，进一步获得对节日气氛的体验。

二、活动目标

1．了解潮汕元宵节的来历和风俗习惯，感受节日快乐的氛围。

2．了解家乡的美食以及做法，掌握制作酥饺的一些技能，体验制作的快乐感受，萌发爱家乡的情感。

3．能大胆地用自己的语言进行讲述。

三、活动准备

1．介绍潮汕元宵节的PPT。

2．酥饺以及制作材料。

3．超轻黏土。

4．沙子。

5．蛋糕盘。

6．胶水。

---

① 揭阳职业技术学院师范教育系学前教育专业173班黄晓仪同学作品。

四、活动过程

1．以选当“小导游”为由，激发幼儿的兴趣。

师：小朋友们，昨天啊，老师交到了一个新朋友，她的名字叫菲菲，她跟你们一样，也是读中班的，还特别喜欢吃零食，是个小吃货。她听说潮汕是个美丽的地方，而且有很多好吃的东西。过几天刚好是元宵节，她要带朋友们一起来游玩，可是她又不懂我们这边有什么好吃的，想邀请小朋友们来当小导游，帮助她和她的小伙伴们，你们愿意吗？

2．播放PPT故事谈话导入，引导幼儿说说元宵节的来历、文化以及美食。

师：看了视频，你们知道元宵节是怎么来的吗？

（幼儿自由交流与讨论）

师：请小朋友们仔细观察一下，有没有看到我们潮汕这边是怎么过元宵节的呢？

师：小朋友观察得真仔细。这个呢，叫英歌舞，是为了祈求平安，驱除邪恶。还有挂灯笼、提灯笼，象征着团圆意义，营造喜庆的氛围。

师：有哪位小朋友能告诉老师，你观察到了这一天我们会吃什么好吃的呢？

师：是饺子哦。不过它也有个好听的名字叫“酥饺”。还记得菲菲最喜欢干什么吗？

师：既然菲菲喜欢吃，是个小吃货，那我们就给她介绍一下我们潮汕元宵节吃的酥饺吧。她一定会喜欢的。

3．结合“潮汕美食酥饺”的图片，引导幼儿了解酥饺的制作。

（1）出示美食的图片，请幼儿讨论，你吃过上面的美食吗？是什么味道的？

（2）请个别幼儿介绍，引导幼儿用完整的语言表达。

（3）教师介绍美食。

师：油粿（酥饺）。做酥饺是潮汕农村过元宵节的一种习俗。酥饺外皮酥脆馅料香甜，让人口齿生香，也是潮汕人元宵节的必备供品之一。

（4）介绍制作过程。

①首先面粉加水，再加鸡蛋和一点食用油，弄成面团，这样炸出来的酥饺才香脆。（见图2–35）

②拧成一小块一小块，用擀面杖在上面不停地辗转，将其压成薄片，再用边缘比较薄的圆形铁罐子在上面用力一按，一张圆形的饺皮就出来了。（见图2–36）

图2–35

图2–36

③调制馅料。将压碎的花生、芝麻和糖搅拌均匀，然后放到圆形饺皮的里面。（见图2–37）

图2-37

④“捏角”，就是在未成形的酥饺的边缘上捏些间隔相等且优美的褶纹，而后下锅油炸，香喷喷的酥饺就完成了。味道香脆可口，甜而不腻，皮脆馅多香甜。（见图2-38）

图2-38

4．幼儿动手操作。

小朋友们按以上步骤用超轻黏土制作酥饺。

师：（教师边操作边指导）超轻黏土代替面粉，搓成面团，然后拧成一小块一小块，用瓶子代替擀面杖在上面不停地辗转，将其压成一张薄圆形的饺皮。酥饺里面的馅用沙子代替。

最后用胶水把黏土酥饺粘到蛋糕盘里。

制作完成后，请小朋友上台介绍展示成品。

五、活动延伸

师：除了今天我们知道的美食外，我们家乡还有许多美食呢，回去和爸爸妈妈一起找一找、说一说。下节课请小朋友来分享一下吧！

最后把小朋友制作完成的黏土酥饺放到作品栏里展示。

第三章 清明节

天朗气清，惠风和畅，我们迎来了春天的第五个节气——清明。

清明，一般在阳历的 4 月 5 日前后，历代有踏青扫墓的风俗。清明节又称踏青节、行清节、三月节、祭祖节等。清明节源自上古时代的祖先信仰与春祭礼俗，兼具自然与人文两大内涵，既是自然节气点，也是传统节日。扫墓祭祖与踏青郊游是清明节的两大礼俗主题，这两大传统礼俗主题在中国自古传承，至今不辍。

第一节

清明节的传说和习俗

一、清明节的传说

关于清明节的由来，有很多传说，比较普遍的说法是清明节起源于春秋时期晋文公悼念介子推的寒食节（清明前一、二日）。

相传春秋时期，晋公子重耳为逃避迫害而流亡国外。流亡途中，在一处渺无人烟的地方，又累又饿，再也无力站起来。随从臣子找了半天也找不到一点吃的，正在大家万分焦急的时候，随臣介子推走到僻静处，从自己的大腿上割下一块肉，煮了一碗肉汤让公子喝了，重耳渐渐恢复了精神，当重耳发现肉是介子推从自己腿上割下的时候，感动得流下了眼泪。

十九年后，重耳做了国君，也就是历史上的晋文公。即位后晋文公重重赏了当初伴随他流亡的功臣，唯独忘了介子推。很多人为介子推鸣不平，劝他面君讨赏，然而介子推最鄙视那些争功讨赏的人。他打点好行装，同老母亲悄悄地到绵山隐居去了。

晋文公听说后，羞愧莫及，亲自带人去请介子推，然而介子推已离家去了绵山。绵山山高路险，树木茂密，找寻两个人谈何容易，有人献计，从三面火烧绵山，逼出介子推。大火烧遍绵山，却没见介子推的身影，火熄后，人们才发现背着老母亲的介子推已坐在一棵老柳树下死了。晋文公见状，恸哭。装殓时，从树洞里发现一片衣襟，上写道："割肉奉君尽丹心，但愿主公常清明。"为了纪念介子推，晋文公下令将这一天定为寒食节。

二、清明节的习俗

寒食节主要习俗是拜扫墓茔，因为寒食节与清明节相近，元代以后，民间逐渐将寒食、清明合为一个节日，也就有了清明节起源于寒食节之说。另一个说法是清明节源于清明风。春分后加十五日，清明风至，此时万物生长，时节多雨，景象因雨而显得清洁、明净，人们称之为"清明"。此时正值春天，天气舒适，惠风和畅，适合野外踏青。

扫墓

扫墓是清明节最重要的习俗。清明扫墓是秦朝以后的事，到唐朝时才开始盛行，一直流传至今。清明扫墓，谓之对祖先的"思时之敬"，是我国最大的祭祖和扫墓的日子。扫墓时，人们通常携带酒食果品、纸钱等物品到墓地，将食物供祭在亲人墓前，并为坟墓培上新土、修整坟墓等。

踏青

清明之时，正是春回大地，人们因利乘便，扫墓之余亦一家老少在山乡野间游乐一番，回家时还会顺手折几枝叶芽初绽的柳枝戴在头上。也有人特意于清明节期间到大自然去欣赏和领略生机勃勃的春日景象，郊外远足，一抒在严冬以来的郁结心胸，这种踏青也叫春游，古代叫探春、寻春。其含义，就是脚踏青草，在郊野游玩，观赏春色。

吃青团

图3–1

青团是江南一带寒食节的冷食，因后来寒食节与清明节合并，现在无锡、杭州以及上海等地依然保留着清明节吃青团的习俗。明代郎瑛《七修类稿》中说："古人寒食，采桐杨叶，染饭青色以祭，资阳气也。今变而为青白团子。乃此义也。"袁枚《随园食单》中则记录青团的做法："青糕、青团，捣青草为汁，和粉作糕团，色如碧玉。"青团，是用艾草汁调入糯米粉与粳米粉加以沁润，捏成孩子拳头大小，个中再加入馅，入笼蒸十余分钟，碧绿青翠且软糯清香的青团就制成了。艾草汁也可以用麦叶汁、青菜汁、菠菜汁、草头汁、马兰头汁、抹茶汁……大凡可食用的绿色植物并能够挤出莹莹汁水的，都可以用来制作青团。周作人先生在《故乡的野菜》中回忆绍兴那边就是用一种叫作"鼠曲草"的野菜嫩叶来捣烂取汁制作青团的。

吃鸡蛋

清明节吃鸡蛋的习俗，也已有几千年的历史。各种禽蛋，如鸡蛋、鸭蛋、鸟蛋等，被煮熟后涂上各种颜色，称为"五彩蛋"。人们会把这些五彩蛋投到河水里，顺水冲下，等在下游的人们就争先抢捞，认为吃了以后，可以孕育生子。后来人们在清明节吃鸡蛋，逐渐成为一家团圆的象征。也有民间传说清明节吃了鸡蛋，一整年身体都会好，就如同端午节吃粽子、中秋节吃月饼一样，其逐渐成为一种节日食品。

第二节

潮汕清明节习俗

清明节是传统的重大春祭节日，扫墓祭祀、缅怀祖先，是中华民族自古以来的优良传统，不仅有利于弘扬孝道亲情、唤醒家族共同记忆，还可促进家族成员乃至民族的凝聚力和认同感。清明节融汇自然节气与人文风俗为一体，是天时地利人和的合一，充分体现了中华民族先祖们追求"天、地、人"的和谐合一，讲究顺应天时地宜、遵循自然规律的思想。

潮汕地区的清明节，也具有浓郁的地方特色。

一、扫墓

扫墓，又叫“祭墓”，即在墓前祭祀祖先，表示对祖先的追思和尊敬。扫墓在潮汕俗称“挂纸”，因为古时清明扫墓时“松楸丘陇间遍悬楮钱”，因此扫墓也称“挂纸”。潮汕清明上坟扫墓的习俗十分流行，扫墓一般在清明前三日至节后三日进行。如今在潮汕地区过清明节，人们不仅祭祀祖先，也到烈士陵园扫墓，追念先烈的功绩，寄托哀思，激励壮志。

二、蒸朴籽粿

朴籽粿是海内外潮人几乎无人不知的清明节必备传统糕点。清明节蒸“朴籽粿”是潮汕人民的传统美食习俗，充分展现出潮汕侨乡的民族风情和美食特色。清明节，远在异乡、海外的潮汕乡亲回乡扫墓时都会供奉上朴籽粿，这是潮汕人民缅怀先人的特有方式。

朴籽粿，是用一种叫朴籽树的嫩叶，和米舂粉，发酵配糖，装入桃形陶制粿印或小碗蒸熟的粿品，也叫碗酵桃。朴籽树，又叫朴丁树，属榆科的落叶乔木，叶片椭圆形，果实像绿豆，味道甘甜。蒸熟之后的朴籽粿呈浅绿色，味甚甘甜，有清风祛瘀、清脾健胃之作用。清明时节，气候转暖，雨水较多，阴湿的环境容易使食物变质，是肠道疾病多发季节。而朴籽叶恰好有消痰下气、排解积热，祛除疾病的功效，在这个季节吃朴籽粿最合适不过了。从这里也可见潮汕人做粿还很注重时令饮食的保健作用。潮汕民谚“清明食叶，五月节食药”，其中的“叶”说的就是朴籽叶。

图3-2　朴籽粿

第三节
“清明节”诗歌赏读

清明节童谣

一

清明节，雨纷纷，家家忙着去上坟，
祭先烈，祭亲人，从小就要懂孝顺。

二

清明时节听啼鹃，
儿女家家拜墓田，
糯饭一盂鸡一只，
竹篮挑上侍人肩。

三

桃花山，杏花谷，
山谷里有座烈士墓，
红军牺牲为人民，
烈士墓里埋忠骨。
清明节，来扫墓，
墓前栽花又种树，
烈士话儿心中记，
要为人民谋幸福。

赏析

以上三首童谣唱的是清明节的传统习俗之一——祭祀，既祭祀祖先也缅怀烈士，追念先烈功绩，激励后人壮志。

扫墓祭祀、缅怀祖先是中华民族的优良传统。祭祀祖先的意义是为了“追养继孝，民德厚望”，绝非是驱逐鬼神之类的迷信。追养是对亲恩的追思和缅怀，继孝是为了发扬孝道，古人云：“百善孝为先。”作为长辈要为子孙树立孝道的观念，彰显家风。所以祭祀祖先，是为了教导子孙不忘根本、知恩报恩，它是一种孝道的教育。对于久远的祖先尚且不敢忘记，对于眼前的父母哪有不孝敬的道理！而祭祀中的礼俗文化则充分体现了中华民族礼敬祖先、慎终追远的人文精神。

童谣：过了寒食是清明

柳叶绿，桃花红，过了寒食是清明。
煮鸡蛋，卷单饼，荡完秋千放风筝。
郊外春光美如画，全家老少去踏青。

赏析

这首童谣唱的是清明的节气特点、饮食习惯、应节游戏，清明时节气候宜人，风清景明，最是适合踏青游玩。

清　明

［唐］杜牧

清明[①]时节雨纷纷[②]，路上行人欲断魂[③]。
借问[④]酒家何处有？牧童遥指杏花村[⑤]。

注释

①清明：二十四节气之一，在阳历四月五日前后。旧俗当天有扫墓、踏青、插柳等活动。

②纷纷：形容多。

③断魂：形容凄迷哀伤的心情。

④借问：请问。

⑤杏花村：杏花深处的村庄。今在安徽贵池秀山门外。

译文

江南清明时节细雨纷纷飘洒，路上羁旅行人个个落魄断魂。借问当地之人何处买酒浇愁？牧童笑而不答遥指杏花山村。

赏析

这首诗描写清明时节的天气特征，抒发了孤身行路之人的情绪和希望。

清明时节，天气多变，有时春光明媚，花红柳绿，有时却细雨纷纷，绵绵不绝。首句“清明时节雨纷纷”写出了“泼火雨”的特征（清明前两天是寒食节，旧俗要禁火三天，这时候下雨称为“泼火雨”）。次句“路上行人欲断魂”写行路人的心境。“断魂”，指内心十分凄迷哀伤而并不外露的感情。这位行人为何“欲断魂”呢？因为清明在我国古代是个大节日，照例该家人团聚，一起上坟祭扫，或踏青游春。现在这位行人孤身一人，在陌生的地方赶路，心里的滋味已不好受，偏偏又淋了雨，衣衫全被打湿，心境就更加凄迷纷乱了。如何排遣愁绪呢？行人自然想：最好在附近找个酒家，一来歇歇脚，避避雨；二来饮点酒，解解寒；更主要的是可借酒驱散心中的愁绪。于是他问路了："借问酒家何处有？"问谁，没有点明。末句"牧童遥指杏花村"中的"牧童"二字，既是本句的主语，又补充说明上句问的对象。牧童的回答以行动代替语言，行人顺着他手指的方向望去，只见在一片红杏盛开的树梢，隐隐约约露出了一个酒望子（古代酒店的标志）。诗到这里戛然而止，至于行人如何闻讯而喜，兴奋地赶上前去，找到酒店饮上几杯，获得了避雨、解寒消愁的满足等等，都留待读者去想象。

此诗通俗直白，音节和谐自然，情景清新生动，境界优美。后面两联一问一答的简单对话，情景十分生动，增加了诗歌的跳跃性和动感。因为这首诗的广泛流传，"杏花村"三字在后世便成了酒家的雅号。

苏堤①清明即事②

［宋］吴惟信③

梨花风④起正清明，游子寻春半出城。
日暮笙歌⑤收拾去，万株杨柳属⑥流莺。

注释

①苏堤：宋朝元祐年间苏轼官杭州刺史时建于西湖。

②即事：歌咏眼前景物。

③吴惟信，字仲孚，霅川（今浙江吴兴）人。南宋后期诗人。

④梨花风：古代认为从小寒至谷雨有二十四番应花期而来的风。梨花风为第十七番花信风。梨花风后不久即是清明。

⑤笙歌：乐声、歌声。

⑥属：归于。

按，古人极重清明节，有"朝朝清明，夜夜元宵"之说。该意境与周密《曲游春》词"沸十里、乱弦丛笛。看画船，尽入西泠，闲却半湖春色"相似。

赏析

这首诗写的是清明时节，人们到西湖踏青游玩的景象。清明时节，春光明媚、和风徐徐，西子湖畔游人如织。到了傍晚，踏青游湖的人们已散，笙歌已歇，但西湖却万树流莺，鸣声婉转，春色依旧。此诗把佳节清明的西湖，描绘得确如人间天堂，美不胜收。

清明日园林寄友人

[唐]贾岛

今日清明节，园林胜①事偏。
晴风吹柳絮，新火起厨烟。
杜草②开三径，文章忆二贤。
几时能命驾，对酒落花前。

注释

①胜：优美的。
②杜草：即杜若。

赏析

今天是清明节，和几个好友在园林中小聚。天气晴朗，春风和煦吹动着柳絮飞扬，清明乞新火后，人们的厨房里冉冉升起了生火做饭的轻烟。杜若花开满了院子里的小路，诗人想起了两位贤人。什么时候能够命驾，在落花前饮着酒。

此诗是诗人在与朋友聚会园林中即兴所作，诗文大概的意思就是描述了清明时节的情景。清明这一天，诗人和几个好友一起在园林当中小聚，天气晴朗，春风和煦，柳絮随风飞扬，清明乞新火过后，人们的厨房里冉冉升起了生火做饭的轻烟。诗的最后表达的是对远方两位好朋友的寄语，表达了诗人对友人的希望和祝愿。

采桑子·清明上巳西湖好

[宋]欧阳修

清明上巳①西湖好，满目繁华。争道谁家。绿柳朱轮②走钿车③。
游人日暮相将④去，醒醉⑤喧哗。路转堤斜。直到城头总是花。

注释

①上巳：农历三月三日。
②朱轮：漆着红色的轮子。
③钿车：嵌上金丝花纹作为装饰的车子。这句是说装着朱轮的钿车在绿柳之下驶过。
④相将：相随。
⑤醒醉：醉酒的人和酒醒的人。

译文

清明节与上巳节的时候，西湖风光正好。满眼都是一片繁华景象。

拥挤的湖边吵吵嚷嚷，那是谁家在争道？一辆有着红色轮子和金丝花纹的车子，在翠绿的垂柳下穿行而过。

日暮时分友人才相随离去，醒的醒，醉的醉，相互招呼，喧哗不已。

游人连成一串，渐行渐远，道路弯转，湖堤也歪斜变化。从西湖弯斜的堤岸一直到城头，沿途都是开放的鲜花。

赏析

这首词描写清明时节西湖游春的热闹繁华景象，特别着重描绘日暮回城时喧哗熙攘的情景，着意描绘游春的欢乐气氛，从侧面来写西湖之美。古时以农历三月上旬巳日为“上巳”，这一天历来有到水滨踏青的习俗。《梦粱录》卷二载：“三月三日上巳之辰，曲水流觞故事，起于晋时。唐朝赐宴曲江，倾都禊饮踏青，亦是此意。”《东京梦华录》也记载：“四野如市，往往就芳树之下，或园囿之间，罗列杯盘，互相劝酬。都城之歌儿舞女，遍满园亭，抵暮而归。”这就可以看出是郊外人们游春的盛况。西湖景色迷人，是游人的最佳去处。看绿柳丛中，车如流水马如龙，争相抢道，西湖岸上，游人如织，各色人等都在享受欣赏着大好春光。词人自己也乘着朱轮钿车加入了这欢乐春游的队伍。

下片写游人返归的景象。日暮时分，酒醒了的、还在醉着的，前后相将归家。从西湖弯斜的堤岸一直到城头，一路之上，花头攒动。“直到城头总是花”，这里既指从西湖到颍州城下的路边鲜花盛开，又当指一路上游人皆头上簪花而归。唐宋时，人们有采花簪头之俗，无论男女。如杜牧《九日齐山登高》中即写道：“尘世难逢开口笑，菊花须插满头归。”苏轼《次韵苏伯固主簿重九》说道：“髻重不嫌黄菊满，手香新喜绿橙搓。”刘克庄《上巳》也有句云：“暮归尚有清狂态，乱插山花满角巾。”可见，“直到城头总是花”，写的是人们春游而归，头上簪花络绎回城的情景。

本词所表现的正是一派盛景，“满目繁华”即为全词的核心，写得人欢景艳，别具一格。

清明日

［唐］温庭筠

清娥[①]画扇中，春树[②]郁金红。
出犯[③]繁花露，归穿弱柳风。
马骄偏避幰[④]，鸡骇乍开笼。
柘弹[⑤]何人发，黄鹂隔[⑥]故宫[⑦]。

注释

①清娥：一作“清蛾”。清，不仅写娥美，而且点出了日期是清明，时间是清晨。

②春树：指桃树。

③出犯：出，外出；犯，踏青。

④幰（xiǎn）：帐帏。

⑤柘弹：用弹弓发射的飞弹。

⑥隔：庭院隔墙。

⑦宫：庭院里的房子。在秦始皇之前，比较豪华的房子皆可称宫，一般人亦可称朕。后来“宫”成为皇宫的专用词，“朕”成为皇帝的专用词。现在“宫”的含义有所扩大，如少年宫、青年宫等。

译文

清蛾飞舞，如同画扇里一般；春树满园郁金花红遍庭院。

外出踏青时看到各色花瓣上的露水；归来拂过那袅娜多姿弱柳下的风。

骄傲的马匹在偏僻的帐帏旁昂首嘶鸣，惊骇的鸡群从刚打开的笼子里窜出。

是什么人在用弹弓发射柘弹？吓得黄鹂赶紧飞入隔墙庭院。

赏析

此诗是唐代诗人温庭筠的一首咏清明的五言律诗，写人们在清明那天外出踏青的喜悦心情。

首联写清明时节，桃红柳绿，大地春意盎然，春光无限，宛如一幅美丽的清明水墨画。

颔联写清明日人们外出踏青时的快乐心情以及看到的美丽景象。繁花似锦，弱柳扶风，怎一个清明好时节！

颈联表面写清明日动物的感受，其实仍然是进一步详细描写人们踏青赏花、欢看斗鸡的生动场面。

尾联写清明日儿童们无拘无束的自由快活的好心情，侧面烘托出清明日欢快活泼热闹的场景。

全诗情绪饱满，色彩明丽，节日气氛浓烈，极具画面感，表达诗人对清明时节的喜爱之情。

破阵子[1]· 春景

［宋］晏殊

燕子来时新社[2]，梨花落后清明。池上碧苔[3]三四点，叶底黄鹂一两声，日长飞絮[4]轻。

巧笑[5]东邻女伴，采桑径里逢迎[6]。疑怪[7]昨宵春梦好，元是今朝斗草[8]赢，笑从双脸[9]生。

注释

①破阵子：词牌名，原为唐教坊曲名。又名《十拍子》。双调六十二字，平韵。

②新社：社日是古代祭土地神的日子，以祈丰收，有春、秋两社。新社即春社，时间在立春后、清明前。

③碧苔：碧绿色的苔草。

④飞絮：飘荡着的柳絮。

⑤巧笑：形容少女美好的笑容。

⑥逢迎：碰头，相逢。

⑦疑怪：诧异、奇怪。这里是“怪不得”的意思。

⑧斗草：古代妇女的一种游戏，也叫“斗百草”。

⑨双脸：指脸颊。

译文

燕子飞来正赶上社祭之时，清明节候梨花纷飞。几片碧苔点缀着池中清水，黄鹂的歌声萦绕着树上枝叶，只见那柳絮飘飞。

在采桑的路上邂逅巧笑着的东邻女伴，怪不得我昨晚做了个春宵美梦，原来它是预兆我今天斗草获得胜利啊！不由得脸颊上也浮现出了笑意。

赏析

这是一首清新活泼的作品，具有淳朴的乡间泥土芬芳。上阕写自然景物。燕子、梨花、碧苔、黄鹂、飞絮，五色杂陈，暖风轻拂，景色秀美明丽，写足春色之娇娆媚人。下阕写人物。撷取烂漫春色中一位年轻村姑之天真形象和心态进行表现。巧笑已闻其声，见其容；逢迎更察其色，观其形。疑怪两句通过观察者心理活动，用虚笔再现女伴昨宵春梦和今朝斗草的生活细节，惟妙惟肖，将村姑的天真可爱一笔写足，与上阕生机盎然的春光形成十分和谐的画面美与情韵美。笑从双脸生，特写，结合前面巧笑语意，收束全篇春光无限之旨。全词浑成优美，音节嘹亮，意境清秀，场面轻快，洋溢着诱人的青春魅力。尤其上、下阕的构思，景与人对应着写，将春天的生命写活了。

这首词不仅写出了清明时节的秀美春色，乡村女孩的天真活泼，也让读者了解了古代清明的传统活动，如踏青、斗草等。

第四节 多领域“清明节”主题教育活动设计

艺术领域活动：拼贴绘画“青团”

（适用班级：中班）

一、活动目标

1. 观察和欣赏图片素材，了解清明节这一传统节日以及相关的习俗。
2. 采用多种美术材料综合运用，提高幼儿动手能力和空间理解能力。
3. 利用拼贴艺术激发幼儿表现美和创造美的情趣。
4. 提高孩子的动手能力，同时培养其家国情怀。

二、活动准备

牛皮纸、深浅绿卡纸、棉签、一次性盘子、黑色黄色颜料、超轻黏土（绿色、黄色、棕色）。

三、活动过程

（一）导入

清明节在历史发展中承载了丰富的文化内涵，全国各地因地域不同而又存在着习俗内容上或细节上的差异，各地节日活动虽不尽相同，但扫墓祭祖、踏青郊游是共同基本礼俗主题。每逢清明时节，人们无论身处何方，大多数都会回乡参加祭祖活动，缅怀祖先。清明礼俗文化充分体现了中华民族礼敬祖先、慎终追远的人文精神。在祖先祭祀仪式中慎终追远，在踏青郊游中享受春天乐趣，文化传承与身心调适是清明礼俗文化的重要功能。

传说有一年清明节，太平天国将领李秀成被清兵追捕，附近耕田的一位农民上前帮忙，将李秀成化装成农民模样，与自己一起耕地。没有抓到李秀成，清兵并未善罢甘休，于是在村里添兵设岗，每一个出村的人都要接受检查，防止他们给李秀成带吃的东西。回家后，那位农民在思索带什么东西给李秀成吃时，一脚踩在一丛艾草上，滑了一跤，爬起来时只见手上、膝盖上都染上了绿莹莹的颜色。他顿时心生一计，连忙采了些艾草回家洗净煮烂挤汁，揉进糯米粉内，做成一只只米团子。然后把青溜溜的团子放在青草里，混过村口的哨兵。李秀成吃了青团，觉得又香又糯而且不粘牙。天黑后，他绕过清兵哨卡安全返回大本营。后来，李秀成下令太平军都要学会做青团以御敌自保。吃青团的习俗就此流传开来。

（二）观察图片

1．观察青团的外形并概括出青团的形状。（见图3–3）

图3–3　青团

2．了解制作青团的食材。（见图3–4）

①　②　③

图3–4　制作青团的食材

（三）制作过程

1．取绿色轻黏土做出青团整体形状，并用黄色、棕色轻黏土作为其中两个的“馅”，轻轻粘在一次性盘子上。

2．分别取白色、黄色轻黏土，分别搓成圆形、水滴形拼成花形做装饰，表面刷上光油，再将其置于盘子上晾干。（见图3–5）

图3–5

3. 将深绿、浅绿的卡纸分别用手撕出山的形状。(见图3-6)

4. 取一张褐色卡纸，山贴在中间位置，盘子贴在最前。(见图3-7)

图3-6

图3-7

5. 取一支棉签蘸取黑色颜料在最上面画出树枝，再取另一根棉签蘸取黄色点上小花。(见图3-8)

6. 拼贴成完整画面。(见图3-9)

图3-8

图3-9

(四) 展示成果

与同伴交流，展示自己的创作成果，体验创作的乐趣。

艺术领域活动：香喷喷的朴籽粿①

(适用班级：大班)

一、设计意图

潮汕的粿品种类繁多，潮汕人随口就能数出十几种粿品来：甜粿、红桃粿、菜头粿、酵粿等。朴籽粿是潮汕人清明节必备的节日传统糕点。通过此次活动，可以让幼

① 揭阳职业技术学院师范教育系学前教育专业五年制173班杨紫涵同学作品。

儿了解到朴籽粿的做法和功效、在什么时候要吃朴籽粿等，充分展现出潮汕的地域风情和美食特色。

二、活动目标

1. 认知目标：认识朴籽粿的由来和功效、习俗等。
2. 能力目标：能够在教师的引导下，大胆地动手制作朴籽粿。
3. 情感目标：萌发对潮汕民族风情和传统美食习俗的喜爱，感受动手制作的乐趣。

三、活动重、难点

1. 重点：了解朴籽粿的由来和习俗，萌发对潮汕文化的喜爱。
2. 难点：在教师的指导下完成朴籽粿的制作，动手能力得到锻炼。

四、活动准备

多媒体课件、相关视频、朴籽叶子、粘米粉、白糖、水。

五、活动过程

（一）活动导入

放映多媒体课件，激发幼儿兴趣。

师：小朋友们，今天我们要来制作香喷喷的朴籽粿，在制作之前，老师想问，有小朋友知道朴籽粿是什么样子的吗？

（幼儿自由表达）

教师进行归总：没错，朴籽粿的颜色是绿色的，形状是圆圆的。

师：潮汕人每年清明节必蒸制朴籽粿。为什么清明节要做朴籽糕呢，我们来看一个小视频。

（教师播放朴籽粿的传说故事）

师：小朋友们看完了视频，知道朴籽粿在古代是拿来干什么用的呢？

幼：为了填饱肚子。

师：是的，而现在人们用朴籽粿缅怀历史和祖先，传递浓浓思乡的感情。

师：清明节的气候转暖，小朋友们容易上火，吃不下饭的时候，吃朴籽粿就可以清热解毒、祛瘀健脾。

师：那老师说了这么多有关朴籽粿的内容，小朋友们想不想自己动手来制作呀！

幼：想！

（二）活动展开

教师依次摆放朴籽叶（见图3-10）、白糖、粘米粉、无铝泡打粉、水等材料在桌子上。

图3-10　朴籽叶

师：小朋友们知道桌子上都有哪些材料吗？

幼：绿色叶子、水、白糖。

师：小朋友们说对了一部分，老师介绍剩下的其他材料。还有无铝泡打粉、粘米粉，虽然它们都是白色的，但是用处不同哦。

师：小朋友们先看着老师来做一遍。

师：我们先将采摘下来的朴籽叶清洗干净。

师：用榨汁机榨出汁液，加入水再摇一遍。

师：过滤汁液，加入粘米粉、无铝泡打粉、白糖搅拌均匀。

图3-11

师：把搅拌好的米糊倒在模具中。如图3-11所示。

师：（分发材料）好，小朋友们自己来做一遍。

师：我们把装有米糊的模具交给厨房阿姨帮我们蒸。

图3-12

师：在蒸朴籽粿期间，老师来问问小朋友，朴籽粿是在什么节日吃呢？吃朴籽粿有什么好处呢？

（厨房阿姨把蒸好的朴籽粿摆放在小朋友面前。如图3-12所示）

（幼儿吃完了朴籽粿）

师：小朋友们觉得朴籽粿好吃吗？

师：小朋友们回家要跟爸爸妈妈分享如何做朴籽粿哦。

六、活动延伸

幼儿拿起画笔，绘画出朴籽粿的样子，然后把作品放在展示区。

语言领域活动：老了老了[①]

（适用班级：大班、中班）

清明节期间总是不可避免地要面对“死亡”的话题，老师们可以根据幼儿的年龄特点和接受能力，与他们进行一次深度对话，告诉他们生命都是有限的，只有珍惜当

① 本活动设计选自“武汉亿童学前教育”。

下，积极面对生活，才能让生命变得有意义。为此，可以开展一次以生命教育为主题的语言表达类活动“老了老了”。

一、活动目标

1. 能够仔细观察故事画面，感知故事内容。
2. 能感知到生活中一些事物会随时间流逝而发生改变。
3. 能够发挥丰富的想象力进行仿编，并用语言完整地表述出来。

二、活动准备

1. 经验准备：幼儿知道生活中一些事物会随时间发生变化。
2. 材料准备：挂图《老了老了》；幼儿用书《老了老了》。

三、活动过程

（一）经验回顾

1. 请幼儿观察户外的树叶，提问：树叶发生了什么变化？引发幼儿讨论。
2. 生活中还有哪些事物在变化呢？

（二）感知事物随时间流逝变化的现象

1. 教师出示挂图《老了老了》，引导幼儿观察挂图中动植物变化的内容。

图3–13

提问：你还知道哪些动物或植物会随时间发生变化？引导幼儿积极仿编，并用“……老了，会……”说完整的句子。

2. 继续观察挂图中的游戏图片。

提问：你们玩过这些游戏吗？可以请小朋友说说现在玩的游戏，将两者进行比较。

3．出示古物的图片，让幼儿感知这些物品都是很久很久以前的东西，现在都已经变得很老了。

（三）分享交流

1．小朋友之间互相观察，说说对方老了以后会变成什么样子。

2．请幼儿对照图片指一指，自己老了会变成图画中的哪种样子。

3．分小组，对照幼儿用书《老了老了》复述故事内容。

图3–14

四、活动延伸

请幼儿回家后和家长讨论：哪些东西永远不会变老？

语言领域活动：古诗《清明》

（适用班级：大班、中班）

一、活动意图

历史上很多诗人都描写过清明节的诗句。唐朝诗人杜牧写的《清明》通俗易懂，通过起、承、转、合，将清明时节的环境、人物、情绪、动作、行为描写得淋漓尽致，读起来朗朗上口，画面清晰自然，特别适合幼儿学习和记忆。学习这首古诗，可以使幼儿了解古诗词的特点，进一步感受中国古诗词的美，从而激发幼儿喜欢和传承中国传统文化的情感。

清　明

清明时节雨纷纷，路上行人欲断魂。
借问酒家何处有，牧童遥指杏花村。

二、活动目标

1．学习古诗词内容，了解古诗含义，能有节奏地诵读。
2．感受古诗的意境及古诗的特点。
3．能用自己喜欢的方式表现出古诗的内容。

4. 通过诵读、表演的形式，激发幼儿热爱中国传统文化的情感。

三、活动准备

1. 根据古诗情境准备图片、布置表演舞台。
2. 人物服装、雨伞、笛子等道具。
3. 视频资料《画说清明节》。

四、活动过程

1. 学习古诗《清明》。

（1）播放视频，请幼儿欣赏后，教师通过讲解，加深幼儿对古诗的印象。

（2）教师出示图片，请幼儿观察，并逐句讲解古诗内容。

第一句：清明时节雨纷纷。写的是时间、情景。

含义：清明时节下起了细雨。

第二句：路上行人欲断魂。写的是人物和心情。

含义：路上来来往往的行人个个都心情低沉。

第三句：借问酒家何处有。写的是诗人要摆脱糟糕心情的办法。

含义：询问当地的人，哪里有酒馆？

第四句：牧童遥指杏花村。写的是牧童的回答和诗人的行动。

含义：小牧童笑了笑，也不说话，只是用手远远地指着杏花山村。

（3）带幼儿跟着视频一起诵读古诗。

2. 请幼儿欣赏情景剧《清明》（老师版）。

事先布置好场景，教师换好服装进行表演。表演前，教师提出问题，让幼儿带着问题去观看。

问题：清明时节人们为什么会心情低沉？

幼儿观看完之后，请幼儿回答，教师进行总结：因为清明节是一个怀念逝去亲人的日子，又下起了雨，所以心情很不好。

3. 幼儿进行表演。

（1）请幼儿自由组合，分角色进行表演。

（2）教师提出表演要求：表演要有表情、有动作、有对话。

（3）幼儿表演时，教师将孩子的精彩瞬间记录下来。

4. 教师总结活动情况。

（1）将本次活动做成展板，进行分享展示。

（2）请幼儿回家将古诗《清明》跟父母分享。

社会、科学领域活动：大手拉小手

（适用班级：大班、中班、小班）

一、设计意图

清明节对我们来讲其实还有另外一层含义，那就是去寻找春天——踏青。在春天的一个周末，教师邀请相关班级的家长一同参加“以大带小”的远足活动——“大手拉小手”。

二、活动目标

1．了解自然环境中常见的植物。
2．亲近自然，欣赏周围春天的美景。
3．在互动中体验同伴交往的乐趣。

三、活动准备

1．物质准备：远足所需物品，如背包、水杯、食物、防晒物品等，制作植物收集表所需画纸、彩色笔，记录所需相机。
2．经验准备：户外活动安全注意事项。

四、活动过程

（一）导入（引入活动）

出发前，教师告诉大家今天要去附近的公园踏青，请两个班的幼儿自愿结对，每个大班幼儿牵手一个小班幼儿，并提醒幼儿户外活动的安全注意事项。

师：今天我们要一起去踏青，小朋友们都准备了哪些东西呀？

（提醒幼儿带上背包、水杯、遮阳帽、更换衣物、食物等）

师：在户外小朋友们一定要听老师的指挥，不能看到什么好玩的自己就跑开了，有不舒服的话记得告诉老师。

（二）正式（基本部分）

1．欣赏周围的美景。

师：一路上我们看到了哪些美丽的景色呢？现在这个季节外面的景色是什么样子的？

（鼓励幼儿发现美、感受美、欣赏美）

2．认识公园里的植物。

（1）引导幼儿观察每种植物不同的特征。

师：我们一起来看看公园里面都有哪些植物呢？小朋友们都认识这些植物吗？

（2）制作植物收集表。

师：现在请小朋友们把找到的植物都画出来，看看谁收集到了更多的植物。

3．教师组织大家玩游戏“钻山洞”。

（1）教师与家长搭山洞，请大班幼儿带领小班幼儿钻山洞。

师：现在让我们一起来玩“钻山洞”的游戏吧！

（教师不断提醒幼儿钻的动作要领）

（2）组织大班幼儿搭山洞，请小班幼儿钻山洞。

师：请大班的哥哥姐姐为小班的弟弟妹妹们搭出一个山洞。

（让幼儿在相互配合中享受游戏带来的乐趣）

（三）结束（回顾总结）

师：今天大家过得开不开心呀？小朋友们都拍下了哪些照片，跟大家一起来分享这些欢乐的时光吧！

（在家长协助下，幼儿用自己喜欢的方式记录远足活动的见闻，并互相分享）

艺术领域活动：歌唱王二小

（适用班级：大班）

一、设计意图

清明节是传统的重大春祭节日，这天人们扫墓祭祀、缅怀祖先，是中华民族自古以来的优良传统，而王二小是著名的抗日小英雄，他的事迹更能与大班孩子产生共鸣，因此意在以清明节为契机，与孩子们一起缅怀英雄，进行爱国主义教育。

二、活动目标

1．初步了解王二小，理解歌曲内容。

2．感受旋律中深沉的情感色彩，初步学唱歌曲。

3．萌发对小英雄王二小的崇敬之情。

三、活动准备

1．经验准备：活动前请家长给幼儿讲述王二小的故事。

2. 物质准备：王二小故事图片、《歌唱二小放牛郎》音频与视频、幼儿自制的手工花朵。

3. 空间准备：教室前端放置一张王二小的背景图。

四、活动过程

（一）背景引入

以背景图引入，请幼儿回忆故事，激发兴趣。

师：

1. 你们还记得王二小是谁吗？他平常主要负责什么？
2. 敌人抓住他干什么？王二小是怎么做的？
3. 敌人发现自己进入了埋伏圈时，对他做了什么？
4. 他牺牲了，你们有什么感受呢？
5. 后来，人们还为王二小这个感人的故事写了一首歌，我们一起来听一听。

建议：这个环节教师多给幼儿自由表达的机会，调动幼儿对王二小崇敬的情感。

（二）欣赏与感受歌曲《歌唱二小放牛郎》

师：

1. 你觉得这首歌曲是热闹欢快的还是深沉优美的？
2. 听了这首歌曲你又有怎样的感受？你仿佛看到了什么？
3. 为什么说王二小牺牲的时候，他的脸上会有微笑的表情？

建议：这个环节在教师引导下，多次欣赏音乐让幼儿逐步感受到旋律中深沉的情感色彩。

（三）学唱与表演

1. 教师播放音频后，完整地演唱一遍。
2. 集体学唱和结伴学习歌唱。

建议：这个环节在集体学唱几遍以后幼儿可自由结伴，加上动作，随着音乐的节奏演唱，体验演唱的快乐。

3. 播放视频《歌唱二小放牛郎》，进一步加深幼儿对歌曲的感知，丰富幼儿自编排动作与表演歌曲的经验。

4. 幼儿根据歌曲的节奏与内容自编表演的动作。

建议：这个环节教师要鼓励幼儿依据歌词的内容大胆创编动作，表现对歌曲的理解，教师在此基础上再加以提炼。

（四）感受与表达

1. 为王二小致哀献花。（提醒幼儿致哀时的注意事项：神情严肃、态度端正）
2. 教师总结。

师：小英雄王二小在面对日本鬼子的时候毫不畏惧、坚强、机智，他为我们的祖国做了这么多的事情，自己却牺牲了，我们也应该应该像他一样热爱祖国，为祖国贡献自己的力量，并向其他为抗击日本鬼子而牺牲的英雄致敬！是他们换来了我们现在的幸福生活。

建议：这个环节教师放音乐，幼儿每人低头默哀，手捧自制花，将小花放在背景图的四周，以此表达怀念与崇敬之情。

五、活动延伸

1. 可以布置“电影院”，组织幼儿观看电影《王二小》，将情感进一步加深。

2. 餐后活动或者午睡前可以向幼儿讲述其他革命英雄人物的故事。

3. 表演区：投放相关道具，幼儿自由组队，共同协作扮演不同的角色表演歌曲，教师对各组给予指导。

社会领域活动：清明节习俗——扫墓

（适用班级：大班、中班）

一、设计意图

通过学习古诗《清明》，让幼儿了解清明的习俗。

二、活动目标

1. 知道几月几日是清明节。

2. 知道清明节的由来。

三、活动准备

古诗、扫墓图片等。

四、活动过程

1. 用古诗导入活动内容。

（1）清明时节雨纷纷，路上行人欲断魂，借问酒家何处有，牧童遥指杏花村。

（2）小朋友你们知道几月几日清明节吗？

2. 教师讲述清明节的由来。

3. 教师边放课件边讲述，让幼儿了解革命先烈英雄事迹。抗洪救灾、救火抢险、保卫国家安全和人民生命财产等当代英雄事迹。

4. 观看课件：教师带幼儿观看扫墓的画面。

5. 放哀乐、请家长与幼儿起立，向英雄们行礼、默哀，表示怀念。

6. 与幼儿交谈：清明节有哪些习俗。

（1）运动习俗：踏青、荡秋千、打马球、放风筝、蹴鞠、插柳等。

（2）饮食习俗：吃冷食、吃鸡蛋等。

7. 出示彩蛋请幼儿观察与自己带来的鸡蛋有什么不同？用什么制作的？

8. 放彩蛋图片引起幼儿的好奇心及制作兴趣。

9. 幼儿与家长共同制作彩蛋（方法形式不限，画画、涂色、剪纸粘贴、橡皮泥制作小动物等）。

10. 幼儿到台前展示自己的作品，并用完整的语言讲述自己的作品。

11. 玩鸡蛋：请幼儿发挥想象力用鸡蛋做出多种玩法（滚、转、抛、立、碰鸡蛋等），幼儿比赛看谁的玩法多。

结束部分：请幼儿把彩蛋给其他班的小朋友欣赏并与朋友们一起玩，在音乐伴奏下走出活动室。

五、活动延伸

与家人或朋友交流，了解更多关于清明节的习俗。

科学领域活动：清明节由来

（适用班级：大班、中班）

一、设计意图

通过活动，让幼儿知道清明节的由来，通过走近自然，感受人与自然的和谐。

二、活动目标

1. 让孩子走近自然、亲近自然，感受春天的美景，感受生活，在与大自然的接触中感受人与自然的和谐。

2. 培养亲子之间的情感。

3. 学会观察和总结春天的景色。

三、活动准备

照相机、手机。

四、活动介绍

清明节是我国的传统节日，清明节来到，万物凋零的寒冬就过去了，风和日丽的春天真正开始了。春天的诗很美，春天的梦很甜，春天的脚步更快。倾听春天的声音，是天籁般的深邃，追逐春天的影子是微笑的期盼，在清明节让我们一起去踏青、放风筝、寻找关于春天的景色吧。

五、活动过程

1. 利用清明节假期，家长带领幼儿一起去到大自然去踏青、放风筝、寻找春天等，留下美好瞬间。

2. 教师制作PPT幻灯片。

3. 教师借助幻灯片进行活动。

（1）回忆春游情景，让幼儿总结一下假期和爸爸妈妈外出踏青的事迹。

（2）学习古诗。

六、活动延伸

与家人或朋友交流，了解更多关于清明节的习俗。

艺术领域活动：清明节——插柳

（适用班级：大班、中班）

一、设计意图

通过对插柳习俗的了解，激发幼儿动手插柳的兴趣。

二、活动目标

通过插柳，培养幼儿的动手能力。

三、活动准备

柳枝若干，小铁铲、小水桶的数量各为幼儿人数的一半、小面包车一辆。

四、活动过程

1．教师介绍清明节插柳的习俗。

（1）启发提问：“清明时节，草青树绿，黄河口一带的人们有一种习俗即折柳枝，这是为什么？”（人们要插柳）

（2）师：“小朋友知道吗，人们为什么要在清明节插柳？”介绍插柳习俗的来历：晋文公在清明节的第二天，到大臣介子推坟前祭奠时，发现与介子推同时被烧死的柳树复活了，晋文公便掐下柳枝插在了头上，他的群臣也仿效晋文公掐戴柳枝。

2．向幼儿讲解插柳的意义，激发幼儿动手插柳的兴趣。

（1）插柳可以渲染节日的气氛，增添节日乐趣。

（2）插柳可以绿化周围的环境，每到柳枝展绿的时候，它便告诉小朋友们春天已来到了。

3．组织幼儿在院子周围进行插柳活动。

（1）要求：四个小朋友一组，其中一人用小桶提水，两人用小铁铲松土，一人拿柳枝。四人要团结协作，看哪一组插得又好又快。

（2）方法：先用小铁铲松好土，然后浇水，最后插柳枝。

（3）幼儿动手插柳，教师巡回指导。例如，松土时可找个松软的地方，松的土要稍深点，以免柳枝歪斜不牢固；浇水不能太多。

（4）柳枝插完后，教师组织幼儿将工具放好，然后小结活动的情况，表扬不怕脏、不怕累的幼儿及团结协作好的小组。

（5）要求幼儿每天给柳枝浇水，轮流看护并管理。

五、活动延伸

与家人或朋友交流，了解更多关于清明节的习俗。

第四章 端午节

端午节，即五月节，又称端阳节、龙舟节、重午节、龙节、正阳节、天中节等，源自天象崇拜，由上古时代祭龙演变而来，是先民创立用于拜祭龙祖、祈福辟邪的节日。因传说战国时期的爱国诗人屈原在端午节这天抱石投汨罗江自尽，后来人们亦将端午节作为纪念屈原的节日（也有纪念伍子胥、曹娥及介子推等说法）。端午节与春节、清明节、中秋节并称为中国四大传统节日。

第一节 端午节的传说和习俗

一、端午节的传说

关于端午节的由来说法甚多，有纪念屈原说、纪念伍子胥说、纪念曹娥说、起于三代夏至节说、恶月恶日驱避说、吴越民族图腾祭说等。据学者闻一多先生的《端午考》和《端午的历史教育》列举的百余条古籍记载及专家考古考证，端午的起源，是中国古代南方吴越民族举行图腾祭的节日，比屈原更早。但千百年来，由于屈原的爱国精神和感人诗词已深入人心，故人们“惜而哀之，世论其辞，以相传焉”，纪念屈原说也因此影响最广最深，中国民众也逐渐把端午节的赛龙舟和吃粽子等与纪念屈原联系在一起。

据《史记》“屈原贾生列传”记载，屈原是春秋时期楚怀王的大臣。他倡导举贤授能，富国强兵，力主联齐抗秦，遭到贵族子兰等人的强烈反对，后来遭谗去职，被赶出都城，流放到沅、湘流域。他在流放中，写下了忧国忧民的《离骚》《天问》《九歌》等不朽诗篇，独具风貌，影响深远。也因而，端午节被称为诗人节。公元前278年，秦军攻破楚国京都，屈原眼看自己的祖国被侵略，心如刀割，但是始终不忍舍弃自己的祖国，便于五月五日，在写下了绝笔作《怀沙》之后，抱石投汨罗江身死，以自己的生命谱写了一曲壮丽的爱国主义乐章。

传说屈原死后，楚国百姓哀痛异常，纷纷涌到汨罗江边去凭吊屈原。渔夫们划起船只，在江上来回打捞他的真身。有位渔夫拿出为屈原准备的饭团、鸡蛋等食物，“扑通、扑通”地丢进江里，说是让鱼龙虾蟹吃饱了，就不会去咬屈大夫的身体了。人们见后纷纷仿效。一位老医师则拿来一坛雄黄酒倒进江里，说是要药晕蛟龙水兽，以免伤害屈大夫。后来担心饭团为蛟龙所食，人们想出用楝树叶包饭，外缠彩丝，发展成粽子。

以后，在每年的五月初五，就有了龙舟竞渡、吃粽子、喝雄黄酒的风俗，以此来纪念爱国诗人屈原。

端午节的第二个传说，在江浙一带流传很广，是纪念春秋时期（公元前770—前476年）的伍子胥。伍子胥名员，楚国人，父兄均为楚王所杀，后来子胥奔向吴国，助吴伐楚，五战而入楚都郢城。当时楚平王已死，子胥掘墓鞭尸三百，以报杀父兄之仇。吴王阖庐死后，其子夫差继位，吴军士气高昂，百战百胜，越国大败，越王勾践请和，夫差许之。子胥建议彻底消灭越国，夫差不听，吴国大宰受越国贿赂，谗言陷害子胥，夫差信之，赐子胥宝剑，子胥以此死。子胥本为忠良，视死如归，在死前对邻舍人说：“我死后，将我眼睛挖出悬挂在吴京之东门上，以看越国军队入城灭吴。”便自刎而死，夫差闻言大怒，令取子胥之尸装在皮革里于五月五日投入大江，因此相传端午节亦为纪念伍子胥之日。

端午节的第三个传说，是为纪念东汉（公元25—220年）孝女曹娥救父投江。曹娥是东汉上虞人，父亲溺于江中，数日不见尸体。当时孝女曹娥年仅十四岁，昼夜沿江号哭。过了十七天，曹娥在五月五日也投江，五日后抱出父尸，就此传为神话，继而相传至县府知事，令度尚为之立碑，让他的弟子邯郸淳作诔辞颂扬。孝女曹娥之墓在今浙江绍兴，后传曹娥碑为晋王义所书。后人为纪念曹娥的孝节，在曹娥投江之处兴建曹娥庙，她所居住的村镇改名为曹娥镇，曹娥殉父之处定名为曹娥江。

近代大量出土文物和考古研究则证实：长江中下游广大地区，在新石器时代，有一种几何印纹陶为特征的文化遗存。该遗存的族属，据专家推断是一个崇拜龙的图腾的部族，史称百越族。出土陶器上的纹饰和历史传说示明，他们有断发文身的习俗，生活于水乡，自比是龙的子孙。该族生产工具，除了大量石器，还有铲、凿等小件的青铜器。作为生活用品的坛坛罐罐中，烧煮食物的印纹陶鼎是他们所特有的，是他们族群的标志之一。直到秦汉时代尚有百越人，端午节就是他们创立用于祭祖的节日。在数千年的历史发展中，大部分百越人已经融合到汉族中去了，其余部分则演变为南方许多少数民族，因此，端午节成了全中华民族的节日。

二、端午节的习俗

由于中国地域广大、民族众多，加上各种各样的传说故事，不仅产生了众多相异的节名，各地也有着各具特色的端午习俗，例如女儿回娘家，挂钟馗像，迎鬼船、躲午，贴午叶符，悬挂菖蒲、艾草，游百病，佩香囊，备牲醴，赛龙舟，比武，击球，荡秋千，给小孩涂雄黄，饮用雄黄酒、菖蒲酒，吃五毒饼、咸蛋、粽子和时令鲜果等等。在众多的端午习俗中，比较流行的有包粽子、赛龙舟、系五彩绳、挂艾草等。

包粽子

粽子初名“筒粽”，用竹筒装黏米煮熟，别具特色。到了春秋时期，逐渐改用菰叶包黏米成牛角状，用于祭拜祖先和神灵，称“角黍”。战国时，楚国大夫屈原爱国忧民，传说于五月初五那天投身汨罗江。为了纪念屈原，人们开始把屈原之死与端午节联系在一起，投“角黍”于江中，用以表达对英雄人物的敬仰和祭奠。到了晋代，粽子则正式被定为端午食品，成为中国历史上迄今为止文化积淀最深厚的传统食品之一。

赛龙舟

在传统文化中，龙舟被当成龙图腾的一种，而端午节的赛龙舟活动则有着驱邪纳吉、袪病防疫的寓意；此外，赛龙舟活动能把平时散居在各处的乡亲团聚起来，加强交流、增进友谊，也是一种敦睦乡情的有效形式。

系五彩绳

在古代，人们认为端午节这天是一年中最不吉利、毒气最重的日子。所以到了端午节，家家户户都要在孩子手腕上系上五彩绳，即用红、黄、蓝、绿、紫五种彩线编成的线绳，辟邪驱瘟、逢凶化吉。佩戴五彩线这一风俗，最早见于东汉应劭所著的《风俗通义》，据说把它系在臂上可避除兵鬼、不染病瘟。

挂艾草

民间普遍认为艾草、菖蒲可以退蛇虫、灭病菌、驱毒避邪，因此史书上有端午节“悬艾叶、戴艾虎、饮艾酒、食艾糕”的记载。艾草别称艾蒿，其用于治病已有2000多年的历史。我国现存的第一部方书《五十二病方》中就记载了艾叶的两种治病方法：灸法和熏法。一些地方民间也一直流传着这样一句谚语：“家有三年艾，郎中不用来。”

点雄黄

古人在端午节这天，有饮雄黄酒的习俗。许多地方还有用雄黄酒在孩子额头上书写“王”字的习俗，这也表现出人们对虎的崇拜，其寓意在于：一借雄黄以驱毒，二借猛虎以镇邪，三则表达对孩子的祝福。

第二节 潮汕端午节习俗

端午节，潮汕有赛龙舟、吃粽子、插艾挂蒲、采草药、服药膳、贮龙须水等习俗。五月初夏，金凤花开，骄阳似火，榕树树冠如盖，万物欣欣向荣。此时蚊虫滋生，瘟病流行。旧时潮汕人把五月节视为除虫祛病的“圣日”，因此端午节这一天在门上插艾草、菖蒲驱邪避秽，到野外采草药、吃药膳祛除疾病。现在依然保留下来的习俗有赛龙舟和吃粽子。

一、吃粽子

五月节吃粽子是潮汕过端午的传统习俗。潮汕民间有熟语“食粽正壮”“无食五月粽，破袄唔甘放”的谚语，大意就是吃了粽子就会健壮，过了端午天气才真的热起来了。

潮汕粽子有三种：一种是角粽，一种是栀粽，一种是枕头粽。揭阳的粽子主要是角粽和栀粽。

角粽以糯米为主，常用香菇丝、虾米、花生、五花肉或腊肠、绿豆、莲子等作配料，用竹叶包裹，再用咸草捆扎成六角球状或四角形状，放进锅内煮（或蒸）熟，食时淋上甜酱油，口感香软柔润；又有咸甜双拼粽球，甘甜香咸，别有风味。

角粽的包裹步骤（如图4–1）：①在粽叶尾部的三分之一处折卷，呈一漏斗形，注意要如图4–1A一样尖角不能有漏洞。②手掌环握住漏斗如图4–1B，然后向漏斗填糯米和配料，边填边用勺子把糯米压紧实，表面一定要铺平。③糯米不要填太满，表面比粽叶边缘矮0.5厘米到1厘米比较好包，不容易漏，如图4–1C。④把正前方的多余的竹叶盖上封口，两侧多余的竹叶用拇指和食指压紧，如图4–1D。⑤一手保持按压的姿势，一手拿咸草或纱线捆绑，如图4–1E一样的四角形粽子就完成了。注意边捆边勒紧，不然粽叶就散开了。包好的粽子用大锅煮或者蒸都可以，充分煮熟之后，就可以趁热品尝美味的粽子啦。

注意：包粽子用的竹叶、咸草要提前一天泡水，用时擦干。

A B C D E F

图4–1

栀粽，也叫栀粿，是用糯米粉按比例掺入栀子汁、食碱液、茶水混合，用纱布包裹装入竹箕蒸熟而成。农历五月潮汕气候炎热，雨水较多而至湿气较重，蚊蝇虫病害多，疫情多发，故而在旧时的潮汕，五月被认为是“恶月”，端午则为“毒日”。栀粽中含栀子汁，其具有清热泻火、解毒凉血之功效，故端午时节吃栀粽可清除肠毒。

栀粽的制作方法：

1. 准备材料：食用碱（60克）、食用油（50克）、糯米粉（1 500克）、生粉（250克）、自来水（也可用茶水，1 800克）。

2. 先用一部分水将食用碱化开，然后把以上材料混合搅拌均匀成糊状，如图4–2①。

3. 将搅拌好的糊状材料倒入笼屉里蒸，蒸笼布要弄湿润，蒸好后才不会粘。如图4–2②。水开后开始蒸，大火蒸0.5小时，转小火再蒸1.5小时。注意中途要加水。

4. 放凉后的栀粽切成小块，蘸糖吃。蘸白糖红糖都可以。

因为栀粽比较粘，聪明的潮汕人还发明了用棉线牵拉切粽的方法（如图4–2④），你也来试试吧。

① ② ③ ④

图4–2

温馨提醒

1．吃粽子时最好能同时喝茶水，帮助吞咽和消化；要有节制地食用，每次不能吃太多。

2．吃粽子时应该搭配凉拌青菜、水果沙拉，缓解肠胃不适。

3．粽子要充分加热，煮热变软后才能吃。

4．如有胃病的人吃粽子可选白米粽，不要蘸糖，不要吃得太甜。

5．有胆结石、胆囊炎和胰腺炎的患者，不要吃肉粽、蛋黄粽等脂肪、蛋白质含量过高的粽子。

二、赛龙舟

数千年的中国龙文化，在中国的传统民俗文化中有深厚的积淀。数不清的民俗与龙有关，如元宵节的舞龙灯、游龙、烧龙和端午节的赛龙舟等，尤以赛龙舟活动较为普遍，影响较为深广。1984年国家体委把龙舟活动列为我国民间传统体育项目，因而赛龙夺锦成为人们喜闻乐见的民俗和体育盛举，并且在规模和内涵等方面都有很大的发展。揭阳素有“龙舟之乡”的美誉，江河交错，水网密布，为赛龙舟这项传统民俗活动提供了卓越的自然条件，使揭阳这个岭南水城更具浓郁的传统文化色彩。

图4–3

潮汕的赛龙舟活动历史悠久。据史料记载，揭阳五月五赛龙舟至少已有400年的历史。悠久的赛龙舟历史，造就了独特的龙舟制造技艺。揭阳龙舟造型生动逼真，气魄大，龙首高昂，龙颈修长，龙尾高翘，龙身彩绘，威武俊秀，五彩缤纷，美不胜收。其不论规模还是造型，在潮汕地区均首屈一指。《潮汕百科全书》载：“龙舟为龙形的船，大小因地而异。潮汕地区的龙舟，以揭阳为代表。”龙舟从建造到下水、上水和参加竞赛，都要举行各种仪式，庄重而考究，具有深厚的民俗文化内涵和浓厚的地方特色。

清乾隆《揭阳县志》载：“（端午）自一日起至五日，江浒竞渡龙舟，或以花红赏捷者，官府士夫各设酒馔往观。”数百年的赛龙舟活动中，潮汕人经过不断的创造和实践，形成了几种公平、公正、合理、为人们所接受的竞赛形式，并相沿成俗。这几种竞赛形式是：

图4–4 赛龙舟

（1）表演赛：2条以上的龙舟，以慢速或中速并驾齐驱，来回穿梭。这种表演赛，民间称为“和龙”。

（2）友谊赛：有起点和终点标志，2条以上龙舟比赛，当龙舟之间的距离较远了，由前面龙舟的头桡或头至三桡停划举桡，称“企桡”，等后面的龙舟赶上了，才继续下桡划动。这样看谁“企桡”多，多的就意味着胜利。虽然最后还是不分胜负，但是就暗示着相互的实力。

（3）夺标赛：一般是乡村小型竞赛。2条以上龙舟同时起划，直至抢旗夺标决出胜负。

（4）锦标赛：指较大型的比赛。这种比赛一般有领导、有组织，统一规程和统一安排进行比赛。比赛过程有淘汰赛，最后决出冠军、亚军、季军等名次。这类比赛一般是结合某种庆典活动或经贸活动举行，以增加活动内容和意义。

（5）计时赛：各条龙舟同时出发，到达终点以计时间长短决出胜负。

赛龙舟的赛道一般抽签决定。因江河有“流沟”，故在江河比赛，一般都应有来回程才公平合理。如果一程决定胜负，那就等于抽签决定胜负，没有比赛意义。这是民间历来赛龙舟主持者们所了解和重视的，这样才能做到公平、公正、公开，胜负合理，人人满意。

在龙舟比赛中，每条龙舟前都有一名鼓手配合着音乐和号子声打节奏，这种鼓点并非纯粹为助兴提气，打鼓的节奏还是划龙舟时控制桨的节奏。想划得整齐就得靠听鼓点掌握节奏，按照鼓点声一起划力量才会更集中，速度才能更快。这也更能让每个赛龙舟的参与者体会到赛龙舟需要团结协作的意义，也是龙舟赛获胜的秘诀。

每年农历五月初五的赛龙舟，热闹非凡，吸引着千家万户沿江观赏。榕江及其支流，常常是鞭炮轰鸣，江中鼓声、锣声阵阵，两岸观众人山人海、齐声呐喊助威，龙舟上的健儿奋力挥臂，激起无数水花。只见龙舟出没于波光烟雾之中，似蛟龙腾跃于江海之上，气势磅礴，场面非常壮观。赛龙舟活动既是一种民俗活动，又是一项体育活动。端午节赛龙舟洋溢着揭阳人爱国进取、团结求索、拼搏奋进的精神。

第三节
“端午节”诗歌赏读

端午节童谣

一

五月五，是端阳；
插艾叶，挂香囊；
五彩线，手腕绑；
吃粽子，沾白糖；
龙舟下水喜洋洋。

二

端午花，红又红；
摘朵鲜花送金龙；
端阳端阳，粽子粽；
拿个粽子塞龙洞；
龙戴鲜花吃粽子；
吃饱粽子回龙洞。
不要伤害屈原老公公。

三

桃儿红，杏儿黄；
五月五，是端阳；
粽叶香，裹五粮；
剥个粽子沾上糖；
幸福生活万年长。

四

五月五，是端阳；
龙船双双闹长江；
两边坐着划船手；
中间坐着打鼓郎；
咚咚锵；咚咚锵；
咚咚咚咚锵。

五

粽叶香，香厨房；
艾叶香，香满堂；
桃枝插在大门上，
出门一望麦儿黄，
这儿端阳，那儿端阳，
处处都端阳。

六

五月五，是端午，
背个竹篓入山谷；
溪边百草香，
最香是菖蒲。

端　午

［唐］文秀

节分端午自①谁言，万古传闻为屈原②。
堪笑楚江③空渺渺，不能洗得直臣④冤。

注释

①自：自从。

②屈原（前340—前278）：名平，字原。中国最早的浪漫主义诗人、战国时代楚国政治家。因贵妃郑袖、令尹子兰、大夫靳尚等诋毁排挤，被贬黜流放。楚败于秦，郢都失陷后，自沉汨罗江。

③楚江：楚国境内的江河，此处指汨罗江。

④直臣：正直之臣，此处指屈原。

译文

端午节日从何而来，前人传说是为了楚国大夫屈原。可笑汨罗空自浩浩荡荡，竟不能洗去忠直之士的冤屈。

赏析

唐代诗人文秀在这首绝句中提出了一个令人深思的问题：尽管后人百般歌颂、祭祀，像屈原沉江这样的悲剧毕竟发生了，如此冤屈是不能简单地洗刷干净的。这首诗言近意远，言简意深，很有力量。诗歌突出了屈原伟大爱国者的形象，无私无畏，勇敢高尚。他的形象保留在每个中国人的脑海里。无论在国内国外，屈原都是一个不朽的形象。

浣溪沙·端午

［宋］苏轼

轻汗微微透碧纨①，明朝端午浴芳兰②。流香涨腻③满晴川。
彩线轻缠红玉臂，小符④斜挂绿云鬟。佳人相见一千年。

注释

①碧纨（wán）：绿色薄绸。

②芳兰：芳香的兰花，这里指妇女。

③流香涨腻：指女子梳洗时，用剩下的香粉胭脂随水流入河中。《阿房宫赋》：“弃脂水也。”

④小符：这句指妇女们在发髻上挂着祛邪驱鬼、保佑平安的符箓。

译文

微微小汗湿透了碧色薄绸，明日端午节一定要浴兰汤。参与者人山人海，梳洗后剩下的香粉胭脂随水流入河中，布满河面。

你将那五彩花线轻轻地缠在玉色手臂上，小小的符箓斜挂在发髻上。只祈愿能与相爱的人天长地久，白头偕老。

赏析

这首词主要描写妇女欢度端午佳节的情景。上阕描述她们节日前进行的各种准备，端午节日开展浴兰活动，沐芳浴兰，气氛十分浓郁，参与者人山人海。这正是将古老的节日文化发扬光大的表现。下阕刻画她们按照民间风俗，彩线缠玉臂，小符挂云鬟，互致节日的祝贺。词人着重描写缠线、挂符活动，用对偶句式，为的是“佳人相见一千年”，愿灵验得到印证，画龙点睛。

这是一首民俗词，充满了浓郁的古老民俗气息，是研究端午民俗形象而珍贵的资料。

竞渡诗

［唐］卢肇

石溪久住思端午，馆驿楼前看发机①。
鼙②鼓动时雷隐隐，兽头凌处雪微微。
冲波突出人齐譀③，跃浪争先鸟退飞。
向道是龙刚不信，果然夺得锦标④归。

注释

①发机：开始行动的时机。
②鼙：古代军中所用的一种小鼓，汉以后亦名骑鼓。
③譀：吼叫；叫喊。
④锦标：竞渡（赛龙舟）的取胜标志。

译文

在石溪住久了开始思念端午时节的场景，在驿馆楼前观看开始行动的时机。鼙鼓初击时似雷声，兽头吐威。万人冲破齐声呼喊，跳跃着的浪花与飞鸟争先恐后。多条船像龙一样地向前冲去，果然获得了锦标归来。

赏析

这首诗描绘了端午节龙舟赛上，鼙鼓初击，兽头吐威，万人助喊，多船竞发的动人场景。颔联采用鼙鼓、兽头渲染龙舟待赛的竞渡氛围，画龙点睛，以点带面。颈联采用波出、鸟退等衬托龙舟的速度，视野开阔，以景衬人，令人仿佛置身激烈热闹的竞渡现场。

诗中表面描绘龙舟竞渡的场面，实则讽刺阿谀奉承的小人。万事都有改变的可能，开始风光的不一定始终风光，做人不能见风使舵，而要脚踏实地。

渔家傲 · 五月榴花妖艳烘

［宋］欧阳修

五月榴花妖艳[1]烘。绿杨带雨垂垂重。五色新丝缠角粽。金盘送。生绡[2]画扇盘双凤。

正是浴兰[3]时节动。菖蒲酒美清尊共。叶里黄骊时一弄。犹瞢忪。等闲惊破[4]纱窗梦。

注释

①妖艳：红艳似火。

②生绡：未漂煮过的丝织品。古时多用以作画，因亦指画卷。

③浴兰：见浴兰汤。

④惊破：打破。

译文

五月是石榴花开的季节，杨柳被细雨润湿，枝叶低低沉沉地垂着。人们用五彩的丝线包扎多角形的粽子，煮熟了盛进镀金的盘子里，送给闺中女子。

这一天正是端午，人们沐浴更衣，想祛除身上的污垢和秽气，举杯饮下雄黄酒以驱邪避害。不时地，窗外树丛中黄鹂鸟儿鸣唱声，打破闺中的宁静，打破了那纱窗后手持双凤绢扇的睡眼惺忪的女子的美梦。

赏析

这首词上阕写端午节的风俗，用“榴花”“绿杨”“角粽”等端午节的标志性景象，表明了人们在端午节的喜悦之情。下阕写端午节人们沐浴更衣、饮下雄黄酒驱邪的风俗。最后这句“叶里黄骊时一弄。犹瞢忪。等闲惊破纱窗梦”，借闺中女子梦中初醒的情景，给读者留下了想象的空间——享用粽子后，未出阁的姑娘在家休息，梦醒后想出外踏青而去，抒发了闺中女子的情思。

减字木兰花[①]·竞渡[②]

［宋］黄裳

红旗高举[③]，飞出深深杨柳渚。鼓击春雷[④]，直破烟波远远回[⑤]。欢声震地，惊退万人争战气[⑥]。金碧楼西[⑦]，衔得[⑧]锦标[⑨]第一归[⑩]。

注释

①减字木兰花：词牌名，简称《减兰》。

②竞渡：划船比赛。每年端午节为表达对伟大的爱国诗人屈原的尊敬和怀念，在民间形成的一种传统风俗。

③红旗高举，飞出深深杨柳渚：长着茂密杨柳的小洲处，一群龙舟上纤旗高高飘扬，飞驶而出。

④春雷：形容鼓声像春雷一样响个不停。

⑤直破烟波远远回：条条龙舟，勇往直前冲破宁静的水面，形成一片烟雾，再从远处折回。

⑥惊退万人争战气：龙舟竞争之激烈气势，就像打仗一样，把观众都惊呆了。

⑦金碧楼西：领奖处（也是主席台）装饰得金碧辉煌。

⑧衔得：夺得。

⑨锦标：锦标，也叫标旗，是一面锦缎彩旗，一般都悬挂在终点岸边的竹子上，从龙舟上就可以取到。

⑩第一归：夺得冠军的船，（把获得的锦标放到那昂首张口的龙嘴里）第一个归来。

译文

竞渡的龙舟高高地挂起一面面红旗，从柳荫深处的水洲出击。鼓声像春天的雷电，冲破烟雾，劈开波涛，直奔远处夺标目的地。围观人群的欢呼声震天动地，有惊退万人争战的豪气。在金碧辉煌的小阁楼西，夺得锦标的龙舟获得第一名回来了。

赏析

北宋词人黄裳在端午时节看到了划船健儿竞渡夺标的热烈场面，触发了诗兴，于是写下这首词来赞扬了划船健儿们勇往直前的英雄气概。

上阕首句“红旗高举，飞出深深杨柳渚”，以“高举”“飞出"两个动态的词语，写出龙舟赛开场的景象，开篇就将紧张激烈的比赛气氛渲染出来。“鼓击春雷，直破烟波远远回”这一句，写各条龙舟上的人擂鼓欢呼，声抵云霄，如同轰响的春雷，震人心魄。这些鼓声使划船者士气高涨，他们将小舟划得飞快，使它“直破烟波”，像离弦的箭一般前进。“远远回”是指龙舟到达远处再折回来。上阕两句，犹如一个紧追龙舟的特写镜头，将龙舟从出发到加速，再到折回的过程详细地记录下来，其间数艘船竞渡的激烈气氛，以及船上人高涨的气势，无不清晰呈现。

下阕转而写周围的人群："欢声震地，惊退万人争战气。""震"字准确重现了万人雷动的场景，可见此时已有龙舟胜利抵达终点，因此围观的人群爆发出了震天动地的欢呼。"惊退"的主语并非围观者，而是参加比赛的人，他们争相竞渡的豪气，能"惊退"万人，以豪语写豪情，相得益彰。"金碧楼西，衔得锦标第一归"，"衔"字的运用，将龙舟夺胜的姿态写活了。"金碧楼"与前面的"锦旗""杨柳""烟波"一起，在视觉上丰富了整个场面。"第一归"呼应了"竞渡"的主题，对首句的"飞出深深杨柳渚"进行了完美的收结。

此词采取白描手法，注意通过色彩、声音来刻画竞渡夺标的热烈、紧张气氛。同时，词还反映了人们热烈紧张的精神状态。龙舟飞驶，鼓击春雷，这是写参与竞渡者的紧张行动和英雄气概；欢声震地，是写群众的热烈情绪；衔标而归，是写胜利健儿充满喜悦的形象与心情。整首词真实地再现了当日龙舟竞渡、观者如云的情景。

第四节

多领域"端午节"主题教育活动设计

语言领域活动：端午节

（适用班级：大班）

一、设计意图

农历五月初五，是中国民间的传统节日——端午节。为了让幼儿感受中国民间传统节日的氛围及其所蕴含的意义，设计并组织了相关活动，让幼儿了解端午节的由来及其独特风俗，激发幼儿的爱国热情。

二、活动目标

1．知道五月五是端午节。
2．了解端午节中关于屈原的故事、了解端午节的习俗。

3. 能认真倾听老师和同伴的讲述，乐于在集体中交流自己对故事的理解和感受。
4. 激发对中国传统文化的兴趣，培养爱国热情。

三、活动准备

屈原故事的相关图片（绘本）、端午节相关图片和视频。

四、活动过程

1. 让幼儿观看图片，倾听《屈原的故事》，了解端午节的来历，初步理解故事中的人物、事情和相关物品。

指导语：你们知道端午节为什么要吃粽子吗？

2. 理解故事内容，激发对爱国诗人屈原的敬佩之情。

指导语：

①人们为什么要过端午节？为什么要纪念屈原呢？

②人们是用哪些方法来纪念屈原的？

③假如你是屈原，国君不接受劝告，你会怎么做？（教育幼儿珍惜生命，以积极的方式解决问题）

3. 拓展交流：端午节还有哪些习俗？

五、活动延伸

与家人或朋友交流，了解更多关于端午节的故事与传说，了解家乡的端午节习俗。

语言领域活动：过端午

（适用班级：中班）

一、设计意图

农历五月初五，是中国民间的传统节日——端午节。为了让幼儿感受中国民间传统节日的氛围及其所蕴含的意义，设计并组织了相关活动，让幼儿了解端午节的独特风俗。

二、活动目标

1. 了解端午节的习俗。

2. 能够清楚完整地表达自己的想法。
3. 对中国传统文化感兴趣。

三、活动重、难点

1. 重点：了解端午节的习俗。
2. 难点：清楚完整地表达自己的想法。

四、活动准备

1. 物质准备：端午节相关图片、视频。
2. 知识经验准备：与家人一起共度端午节的经历。

五、活动过程

（一）导入（引入活动）

由教师向幼儿诵读童谣《五月五》："五月五，是端午。门插艾，香满堂。吃粽子，撒白糖。龙舟下水喜洋洋。"请幼儿猜猜看这是哪个节日。

（二）过程

（1）回顾童谣《五月五》，了解端午节的习俗。

教师：小朋友们会在端午节这天做哪些事情呢？

（悬挂艾叶、吃粽子、赛龙舟……）

（2）深入了解端午节的习俗。

①"门插艾"。

教师：小朋友们知道，端午节的时候，在门上悬挂着的是什么植物吗？

（对于艾叶、菖蒲幼儿了解较少，教师可以向幼儿出示实物图片，帮助幼儿了解什么是艾叶，再向幼儿解释悬挂艾叶、菖蒲的作用）

教师：小朋友们觉得菖蒲看起来像什么东西呢？

（菖蒲的叶片呈剑形，看起来像一把宝剑一样）

教师：所以我们会把艾草和菖蒲绑在一起悬挂在门口用来辟邪驱魔。

（通过引导幼儿观察植物的外观，帮助幼儿理解"门插艾"风俗习惯的由来）

②吃粽子。

教师：那在端午节的时候我们会吃哪一种特别的食物呢？粽子是什么形状的？包粽子的时候我们会往里面放什么东西？

（引导幼儿从外形到种类对粽子的组成进行细致的观察。粽子的外观是一种比较特殊的"锥体"形状，也有长条形的粽子，南北方包粽子的原料也有所不同）

③赛龙舟。

教师：在端午节的时候我们会进行的一项特殊的活动是什么呀？龙舟跟我们平常见到的船有什么不一样的地方呢？划龙舟是怎么划的呢？

（向幼儿展示赛龙舟的视频，引导幼儿观察龙舟是什么样子的，赛龙舟的时候需要进行什么样的配合才能划得更快。）

教师：请小朋友们把椅子排成一排，我们一起来试试划龙舟吧！

（通过模拟的方式让幼儿有切身的体验）

（三）结束（回顾总结）

通过前面的谈话活动让幼儿对端午节的习俗有了深刻的认知，与幼儿一起朗读童谣《五月五》，引导幼儿根据童谣的内容加上相对应的动作，鼓励幼儿发挥想象力与创造力。

六、活动延伸

和幼儿一起共读和端午节有关的绘本，如《小艾的端午节》。

健康领域活动：赛龙舟

（适用班级：中班、大班）

一、活动目标

1. 通过全蹲走动作练习，锻炼腿部肌肉力量和耐力，提高平衡能力和协调性。
2. 激发幼儿参与体育活动的兴趣，体验游戏的乐趣。
3. 培养耐力及协同合作的能力。

二、活动准备

单元筒8个、体能棒8根（含连接器8个）、体能条4根、协力布道1套、矿泉水若干、秒表1个、音乐。

三、活动过程

1. 教师带领幼儿一路纵队沿着塑胶跑道进行走、跑交替练习。

2. 幼儿站成四路纵队，教师和幼儿一起在音乐的伴奏下有节奏地做热身运动，如头部运动、上肢运动、下蹲运动、踢腿运动、跳跃运动等，重点活动膝关节和踝关节部位。

3. 布置场地，创设游戏情景。

设置4条“赛道”，在每条赛道的途中各设置一个用单元筒、体能棒、体能条和连接器搭建而成的“桥洞”，在终点处放置1片长方形协力布道和若干瓶矿泉水作“大粽子”。

4. 介绍游戏玩法，开展游戏。

四人一组扮演“小龙舟”，4只“小龙舟”以全蹲姿势站在起点线后等待，其他幼儿则在场外扮演观众”。游戏开始，4只“小龙舟”沿着“赛道”钻过“桥洞”到达终点，然后4人一起用协力布道运两个“大粽子”回起点。任务完成后，交换角色，游戏继续，直至所有的小组完成任务。教师计时，用时最短的小组获胜。

5. 游戏拓展。

教师可根据幼儿的水平，在路径中设置一些障碍，幼儿需绕障碍进行全蹲走，以增加游戏的难度。

健康领域教学活动：龙舟竞赛

（适用班级：大班、中班、小班）

一、设计意图

通过划龙舟游戏，让幼儿体验与同伴合作带来的快乐。

二、活动目标

1. 通过全蹲走动作练习，锻炼腿部肌肉力量和耐力，提高平衡能力和协调性。
2. 尝试模仿划龙舟动作，两两合作协调向前快跑。
3. 积极参加竞赛活动，体验与同伴合作游戏的快乐。

三、活动准备

“皮筋龙舟”若干（或者也可用厚纸板制作龙舟外形）。

四、活动过程

1. 模仿赛龙舟的动作（划船、打鼓、擦汗等）。
2. 游戏：《划龙舟》。

（1）讨论两两合作划龙舟的方法。

指导语：两人一组怎样能把龙舟划得又快又好？

（2）自由结伴尝试合作划龙舟。

（3）划龙舟比赛（分组接力比赛）。（可再详细一些，比如分组人数可以在两人的基础之上再增加人数，然后比赛方式也可以介绍一下）

3. 听音乐做全身放松动作。

五、活动延伸

与家人或朋友交流，了解更多关于端午节的习俗。

艺术领域活动：赛龙舟

（适用班级：大班）

一、设计意图

赛龙舟在潮汕地区是一种具有浓郁的民俗文化色彩的娱乐活动，历史悠久。每年在端午节前后，潮汕许多地方都有赛龙舟的民间活动。赛龙舟以其激烈性、竞赛性、美观性赢得人们的喜爱，大班的孩子也有相关的生活经验。因此，在端午节前夕，借助孩子的生活经验和对赛龙舟的兴趣设计了本次活动，意在鼓励幼儿运用线条、色彩、构图等美术创作技能，与同伴合作对大龙舟进行装饰粘贴，并能用创作的龙舟，进行划龙舟游戏，从而感受美、展现美。

二、活动目标

1. 知识目标：知道赛龙舟是潮汕地区一种民俗文化活动。

2. 技能目标：在了解赛龙舟的基础上，能运用美术色彩、线条等绘画技能对大龙舟进行装饰创作。

3. 情感目标：热爱家乡本土文化，体验与同伴之间合作、游戏的乐趣。

三、活动准备

1. 知识准备：对赛龙舟民间活动有初步的了解。

2. 物质准备：赛龙舟视频、划龙舟音乐、龙舟PPT、大龙舟底板、白色卡纸、水粉颜料、毛笔、勾线笔，泡沫双面胶，各种颜色的毛线，剪刀、锣鼓、自制船桨。

四、活动过程

1．欣赏、了解《赛龙舟》。

（1）观看《赛龙舟》视频。

（2）小朋友分享自己已有的生活经验，教师提出问题。

师：

①说一说你在哪里看到的赛龙舟。

②赛龙舟时情景怎么样？

③你当时的心里感觉怎么样？

④还有什么有关赛龙舟有趣的事情？

小结：赛龙舟是我们潮汕地区的乡土文化，是我们家乡的一种风俗习惯。在农历五月初五端午节前后，潮汕地区很多地方会举办赛龙舟活动，参加的选手团结、齐心、力争上游，为自己的团队争光。赛龙舟的时候人们全家老少一起出动观看比赛，神情激昂、呐喊助威，充分体现人们对家乡本土民俗文化的热爱。

2．创作：剪贴画《龙舟》。

（1）观看龙舟图片PPT，引导幼儿观察龙舟的结构、色彩、图案等。

（2）教师引导幼儿商量好分工，对龙舟进行大胆的装饰创作。

（3）幼儿通过商量进行分工：部分幼儿在白色卡纸上勾画出鳞片形状，利用线条、水粉进行创作，并剪下来，与其他小朋友一起粘贴在龙舟上。部分幼儿把毛线剪成条（龙须），并粘贴好。

（4）全体小朋友欣赏创作好的装饰画《龙舟》。

3．展示幼儿集体创作的剪贴画《龙舟》作品，鼓励幼儿大胆评价自己在作品中的创作表现。

4．游戏：《赛龙舟》。

（1）小朋友分组，听音乐，用舞蹈游戏形式划龙舟。

（2）在与同伴合作游戏的过程中，感受本土民俗文化赛龙舟的乐趣。

5．活动小结：今天小朋友通过欣赏、了解赛龙舟，集体创作龙舟剪贴画，进行游戏赛龙舟，能分工大胆创作、合作完成，表现很好。端午节快到了，我们还可以了解更多民间习俗，如包粽子、吃栀粿、祭拜祖先等。

五、活动延伸（家园互动）

1．请家长带幼儿观看赛龙舟，进一步感受本土民俗文化氛围。

2．家长与幼儿一起利用废旧物品制作手工龙舟。

3．区域材料投放。

可在幼儿园各大区域，如角色游戏区、美工区、语言区、建构区、科学区、自然区投放游戏材料，提供相关图片。

（1）角色游戏区：音乐游戏《划龙舟》。

投放材料：幼儿集体创作的剪贴画《龙舟》、小椅子、自制船桨、播音设备、划龙舟音乐。

（2）美工区：绘画《赛龙舟》。

投放材料：画纸、画笔、颜料、蜡笔。

（3）语言区。

投放材料：各种龙舟图片，有关过端午节的习俗图片。

（4）建构区：构建龙舟。

投放材料：雪花片。

赛龙舟游戏附录：

幼儿自由结伴组队，同一组的幼儿需按鼓点保持步伐与划桨手势一致地蹲着向前走，在老师吹响哨子喊“开始”时，在锣鼓声的伴随下，各组幼儿按照上述方式到达指定终点，最先到达的组别为冠军组。

艺术领域活动：绘画“龙舟竞渡”

适用班级：大班

一、活动目标

1. 了解端午节的由来和划龙舟的意义。
2. 学习龙头复杂的结构和大胆的配色，培养孩子的空间想象力和创造力。
3. 设计生动有趣的粽子小人，提高孩子对于艺术活动的表现力和感染力。

二、活动准备

一张四开白色卡纸、两张八开水彩纸、水彩笔、蓝色颜料、白色颜料、小刀、十字钉、棉棒、剪刀。

三、活动过程

（一）导入

端午节，又被称作端阳节、龙舟节、重午节、天中节等，是集拜神祭祖、祈福辟邪、欢庆娱乐和饮食为一体的民俗大节。端午节全国各地有赛龙舟、吃粽子的习俗。粽子更是多种多样，璀璨纷呈。现今各地的粽子，一般都用箬壳包糯米，但内含的花色则根据各地特产和风俗而定，著名的有桂圆粽、肉粽、水晶粽、莲蓉粽、蜜饯粽、板栗粽、辣粽、酸菜粽、火腿粽、咸蛋粽等等。

（二）欣赏龙舟图片和视频

了解龙舟的制作过程和龙舟下水过程。

图4–5

（三）观察粽子的形状

通过图片展示，让幼儿观察粽子的形状，了解5种不同口味的粽子以及南北方粽子的区别。如图4–6。

南方粽子　北方粽子

图4–6

（四）制作过程

1. 用黑色勾线笔分别在两张素描纸上画出龙舟和粽子，注意粽子的表情要画得可爱一些。（如图4–7）

2. 用水彩笔涂上颜色，注意颜色的搭配，可选择一只暖色调，一只冷色调。（如图4–8）

图4–7

图4–8

3. 用画笔先蘸取蓝色颜料在白卡纸上画出水纹，再用棉棒蘸取白色在蓝色的边缘轻轻拓印出白色水花，形成浪花的肌理感。（如图4–9）

图4-9

4. 用小刀在卡纸的中间划两道长线。(如图4-10)

5. 将两只龙舟剪出来，加上十字钉，十字钉穿过白卡纸背后撑开。(如图4-11)

图4-10

图4-11

(五) 展示成果

与同伴交流，展示自己的创作成果，体验创作的乐趣。

艺术领域活动：绘画端午节

(适用班级：大班、中班、小班)

一、设计意图

通过绘画，让幼儿了解端午节的习俗，亲身体验绘画的乐趣。

二、活动目标

1. 根据幼儿自己已有的经验，想象并表现端午节的快乐。
2. 发展幼儿的想象能力和绘画能力。

三、活动准备

丰富有关端午节的民间习俗。

四、活动过程

回忆端午节。

提问：端午节你过得快乐吗？你觉得端午节中最有趣的、印象最深的是什么事？（幼儿讨论并讲述）鼓励幼儿大胆想象、精心构思。

提出要求：把你在端午节中最快乐的一件事画出来，注意选择合适的底色表现节日的欢乐氛围。

幼儿操作，教师巡回观察指导。鼓励幼儿将过端午节时印象最深或最快乐的事画下来。作品评析及展览。

引导幼儿相互评价作品，交流过节的感受。

五、活动反馈

幼儿对于端午节的生活经验还是有的，只是有的幼儿经验较丰富，有的幼儿经验较少。可以请经验较丰富的幼儿来讲述自己的见闻，他们讲得有声有色，其他的幼儿也听得津津有味。由此可见，利用同伴进行教育也是一种好方法。他们往往说的是自己的亲身体验，语言又浅显易懂。

六、活动延伸

与家人或朋友交流，了解更多关于端午节的习俗。

艺术领域活动：美丽的龙舟

（适用班级：大班、中班、小班）

一、设计意图

通过创作，体验合作成功的快乐。

二、活动目标

1. 尝试运用画、撕、剪、贴等多种方式和同伴共同装饰美丽的龙舟。

2. 乐意和同伴共同协商，分工装饰龙舟，体验合作成功的快乐。

三、活动准备

幼儿有参观赛龙舟活动的相关经验。赛龙舟的照片、未装饰的龙舟、彩纸、笔、剪刀、胶水、抹布等。

四、活动过程

1. 观察端午节龙舟比赛的照片，回忆龙舟的外形特征，激发装饰龙舟的兴趣。
指导语：你看到的龙舟是什么样的？上面有什么？
2. 观察龙舟，讨论装饰龙舟的方法，激发合作装饰的兴趣。
指导语：
①龙舟上缺少什么？怎样才能把龙舟装饰得漂亮呢？（可引导幼儿绘画曲线、波浪线或弧线等等）
②你准备装饰龙舟的哪一部分？用什么方法？需要什么材料？
3. 分组协商、分工装饰龙舟。（观察幼儿合作情况，并对有困难的幼儿进行指导。）
4. 举办“美丽的龙舟展”，体验合作的快乐。

五、活动延伸

与家人或朋友交流，展示自己的创作，体验创作的乐趣。

艺术领域活动：绘画+手工“粽子摇一摇”

适用班级：小班

一、活动目标

1. 了解端午节的习俗和意义。
2. 训练幼儿的动手能力，能独立制作小机关。
3. 了解潮汕寺庙的建筑文化。

二、活动准备

一张16开素描纸，一条绿卡纸，白色、黄色、红色轻黏土，塑料眼珠，泡沫胶。

三、活动过程

（一）观察图片

1. 观察图片中的粽子，看看包粽子需要什么材料。如图4-12。

图4-12

2. 观察粽子的形状，了解南北方粽子的形状和口味的不同。如图4-13。

图4-13

（二）制作过程

1. 在绿卡纸上画三个粽子。如图4-14。
2. 用白色、黄色、红色轻黏土薄薄铺上一层，贴上眼睛和小嘴巴。如图4-15。

图4–14

图4–15

3. 将一次性盘子对折，盘子的一半贴上深蓝色和浅蓝色的水纹，用绿色笔画上水草。再将小粽子贴到上面，手工“粽子摇一摇”就完成啦。如图4–16。

图4–16

艺术领域活动：童谣《拍手歌》

适用班级：大班、中班、小班

一、设计意图

通过学习《拍手歌》培养幼儿对童谣的兴趣。

二、活动目标

1. 理解、学习童谣，能结伴边拍手边朗诵童谣，对童谣活动感兴趣。

2. 迁移有关端午习俗的相关经验，尝试续编童谣，体验编编、说说、玩玩的乐趣。

三、活动准备

准备与端午节习俗相关的图片、实物；幼儿进行过有关端午节习俗的调查。

四、活动过程

1. 欣赏童谣，理解主要内容。

（1）交流有关端午节习俗的经验。

指导语：端午节，人们都会有些什么活动？

（2）欣赏童谣《拍手歌》，理解主要内容。

指导语：

①在这首童谣里，你听到了什么？

②你有什么听不懂的地方？（根据幼儿的讨论、交流情况，帮助幼儿理解“门插艾、香满堂”等。）

2. 学习童谣，了解拍手游戏的玩法。

（1）尝试朗诵童谣。

（2）讨论拍手游戏的玩法，激发朗诵兴趣。

指导语：

①这首童谣的名字叫什么？为什么叫《拍手歌》？

②我们可以怎样念这首童谣呢？（引导幼儿两两结伴边对拍手边朗诵童谣。）

（3）两两结伴，边拍手边朗诵童谣。

3. 迁移端午经验，尝试续编童谣。（如：五月五，是端阳，香包带，香满堂；五月五，是端午，龙船下水人跳舞。）

4. 记录并欣赏幼儿创编的童谣。

五、活动延伸

与家人或朋友交流，了解更多关于端午节的习俗。

附：《拍手歌》

拍手歌

粽子香，香厨房。艾叶香，香满堂。
桃枝插在大门上，出门一望麦儿黄。
这儿端阳，那儿端阳，处处都端阳。

五月五，是端阳。
门插艾，香满堂。

吃粽子，撒白糖。
龙舟下水喜洋洋。

五月节，天气热，放下锄头歇一歇；
山上清风爽，杨梅红出血。
五月五，是端午，背个竹篓入山谷；
溪边百草香，最香是菖蒲。

社会领域教学活动：观看赛龙舟

（适用班级：大班、中班、小班）

一、设计意图

通过观看龙舟赛，感受竞赛活动的热闹气氛。

二、活动目标

1. 知道赛龙舟是端午节的一种风俗习惯，感受竞赛活动的热闹气氛。
2. 交流观赛心得，培养幼儿团结拼搏的精神。

三、活动准备

了解本地举办“赛龙舟”活动的情况。

四、活动建议

1. 与组织“赛龙舟”活动的有关单位联系，确定参观地点及时间。

2. 请家长带幼儿前往参观，观察龙舟的外形特征及赛龙舟时人们的动作表现，感受竞赛的热烈气氛。

3. 引导幼儿交流赛龙舟的场面以及自己观看赛龙舟时的心情和感受。

五、活动延伸

与家人或朋友交流，了解更多关于端午节的习俗。

第五章 中秋节

中秋节，在农历的八月十五日，因为八月十五在秋季的中间，所以叫“中秋”。中秋之夜的月亮最圆最亮，所以这个节日便以合家团聚赏月为过节的主要内容，并以天上的圆月为团圆的象征，所以中秋节又称“团圆节”。除了“团圆节”，中秋节还有其他的别称，如月夕、秋节、仲秋节、八月节、八月会、追月节、玩月节、拜月节、女儿节等。

中秋节是中国四大传统节日之一，起源于上古时代，普及于汉代，定型于唐朝初年，盛行于宋朝以后。中秋节集秋季时令习俗于一体，其所包含的节俗因素，大都有古老的渊源。

第一节
中秋节的由来和习俗

一、中秋节的由来

中秋节有三千多年历史，可以追溯到商代对月亮的崇拜。对中国人来说，中秋节意味着团聚、平安。因为人们觉得，中秋节的月亮最大、最圆，而满月象征着繁荣、幸福和团圆。因为中秋节的重要地位，历代诗人都会为中秋节写诗，关于中秋节的故事、传奇也因此在民间广为流传。

“中秋”一词最早出现在战国时期《周礼》一书中，但是该词只和时间、季节有关，当时还没有中秋节。到了唐代时，赏月之举风行。据传，唐玄宗曾在梦中去往月宫并听到优美的歌声。北宋时期，农历八月十五被正式确立为中秋节，从那以后，为月亮献祭便逐渐成为民间的传统习俗。

从古至今，都流传着很多关于中秋节的古老传说，其中最出名的当属“嫦娥奔月”的传说。

嫦 娥 奔 月

相传，远古时候天上同时有十个太阳出现，晒得庄稼枯死，河流干涸，百姓们都快要生存不下去了。这时，有一个叫作后羿的人，力大无穷，他看见老百姓们的生活很是同情，于是就登上了昆仑山顶，运足神力，拉满神弓，将天上的太阳射下来9个，并命令最后一个太阳朝升暮落，造福人间。后羿因此成为百姓们尊敬的人。后来后羿娶了一位善良美丽的妻子，名叫嫦娥。两个人的感情非常好。

在后羿射下了太阳之后，有很多人慕名前来拜师学艺。有一个叫作逢蒙的心术不正的人混了进来，跟着后羿拜师学艺。一天，后羿到昆仑山拜访朋友，巧遇王母娘娘，就向王母娘娘求了一包不死药。据说，服下此药就能升天成仙。后羿不愿意撇下自己的妻子，就把不死药交给了嫦娥保管。嫦娥将不死药放进了梳妆台的百宝匣里，不料却被心术不正的逢蒙看见了，起了歹心。

几天后，后羿带领徒弟外出打猎的时候，逢蒙借口生病留了下来。后羿走后不久，逢蒙就手持宝剑闯入了后宅内院，威逼嫦娥交出不死药。嫦娥知道自己不是逢蒙的对手，情急之下就拿出不死药一口吞了下去。嫦娥吞下药之后，身子立马就飘向了天空。嫦娥牵挂自己的丈夫，于是就落在了离人间最近的月亮上成了仙。

等到后羿回到家，知道出事之后，拿起剑去杀恶徒，逢蒙却早已逃走，后羿只能对着天空呼唤嫦娥的名字。不久，他发现月亮上有一个人影很像嫦娥，于是就经常对着月亮思念自己的妻子，拿出嫦娥平时喜爱吃的鲜果蜜食，遥寄相思之情。百姓们在得知嫦娥奔月成仙的消息之后，也纷纷在月下摆设香案，向善良的嫦娥祈求吉祥平安。从此中秋赏月拜月的风俗就这样传开了。

二、中秋节的习俗

中秋节自古便有祭月、赏月、吃月饼、玩花灯、赏桂花、饮桂花酒等民俗，流传至今，经久不息。人们以中秋月之圆象征人之团圆，寄托思念故乡、思念亲人之情，祈盼丰收、幸福，中秋习俗演变成为丰富多彩、弥足珍贵的文化遗产。

赏月

赏月来源于祭月，严肃的祭祀变成了轻松的欢娱。民间中秋赏月活动约始于魏晋时期，但未成习俗。到了唐代，中秋赏月、玩月颇为盛行，许多诗人的名篇中都有咏月的诗句。待到宋时，形成了以赏月活动为中心的中秋民俗节日，正式定为中秋节。与唐人不同，宋人赏月更多的是感物伤怀，常以阴晴圆缺喻人情事态，即使中秋之夜，明月的清光也掩饰不住宋人的伤感。不过，对宋人来说，中秋还有另外一种形态，即中秋是世俗欢愉的节日："中秋节前，诸店皆卖新酒，贵家结饰台榭，民家争占酒楼玩月，笙歌远闻千里，嬉戏连坐至晓。"宋代的中秋夜是不眠之夜，夜市通宵营业，玩月游人，达旦不绝。

吃月饼

《洛中记闻》中记载，唐僖宗在中秋节吃月饼，觉得味道极美，便命御膳房用红绫包裹月饼赏赐给新科进士们，这是我们能够看到的关于月饼的最早的记载。到了宋代，月饼渐渐有了"荷叶""芙蓉"等雅称，其制作也更加精致。

燃灯

古人有"燃灯"以助月色的风俗。中秋没有像元宵节那样的大型灯会，玩灯主要只是在家庭、儿童之间进行的。宋末元初周密在《武林旧事》中记载宋代中秋夜节俗，就有将"一点红"灯放入江中漂流玩耍的活动。中秋玩花灯，多集中在南方。在湖广一带，人们用瓦片叠塔，在塔上燃灯；江南一带则有制灯船的节俗。到了近代，中秋燃灯之俗更为兴盛，尤其是广东地区，各家各户于节前十几天，就用竹条扎灯笼，做出果品、鸟兽及"庆贺中秋"等字样，上糊色纸，绘各种颜色。如佛山秋色会上，就有各种各样的彩灯：芝麻灯、蛋壳灯、刨花灯、稻草灯、鱼鳞灯、谷壳灯、瓜子灯及鸟兽花树灯等。中秋夜，人们在灯内燃烛，将其挂于家屋高处，俗称"树中秋"或"竖中秋"。富贵之家所悬之灯，高可数丈，家人聚于灯下欢饮为乐。平常百姓则竖一旗杆，灯笼两个，也自取其乐。中秋时满城灯火不啻琉璃世界，从古至今中秋燃灯之俗，规模似乎仅次于元宵灯节。

赏桂花、饮桂花酒

中秋时节正是桂花开放的季节，人们会在中秋时吃月饼、赏桂花，食用桂花制作的各种糕点、糖果、蜜酒等。到了现代，桂花蜜酒则渐渐被红酒所代替。

第二节 潮汕中秋节习俗

潮汕的中秋节，民间习俗主要是拜月娘、赏月、吃月饼、烧塔。

一、拜月娘、赏月

潮人称拜月为拜月娘。月属阴，叫太阴娘，民间管叫月娘。中秋拜月娘，主要为妇女和小孩。拜月都在露天场所，城市居民，在阳台天台或自家庭院进行；乡村百姓拜月，大都集中到村里的大埕祭拜。

中秋当天吃过晚饭后，妇女们便换上新衣，带领孩子们安好香案，摆上供品，等候月亮升起。中秋时节，具有地域特色的各色水果，如柚子、柿、杨桃、石榴、油甘、凤梨、林檎、芋头、柑等果蔬，纷纷上市。人们就将这些当令物产和月饼、糕点、油饼等奉献给月娘。有些人家还会在桌子上点上几根红蜡烛，任蜡烛烧到熄灭为止。在农村，妇女常常在这些祭品上施展些手工艺，如用糯米饭、米饭条砌塔山，用剪纸贴柚，用带枝叶的油甘扎成孔雀，把拜月娘的纸折叠拼接成大南瓜形状、尖塔形状，等等。将祭品变成一件件手工作品，体现了潮汕妇女的心灵手巧。

图5-1　拜月娘

拜月一般是选择空旷能望见月亮的地方，因此，潮汕人是一边拜月一边赏月。妇女孩子们聚在一起拜月，男人们也在旁边喝茶。一家人闲笑庭前，吃糕饼，喝工夫茶，赏月谈天，心旷神怡，其乐融融。

二、烧塔

烧塔是中秋夜潮汕孩童常玩的一种民俗游戏活动。清代潮州各县、府志对此都有所记载。清顺治《潮州府志》云："中秋玩月……儿童燃塔为乐。"清光绪《潮阳县志》曰："(中秋）儿童则聚瓦片结小塔燃之。"旧时，中秋节这天下午，孩子们四处收集残砖瓦片，选一个开阔的场地累砌瓦塔。叠砌的方法是取来几块旧墙土角或石条砌成塔脚，然后找来几块砖头砌起一个瓦塔门，用旧瓦片从塔脚逐层砌起来。架瓦片时注意留空隙，两片瓦之间留一空隙。第二层就在下层的空隙处叠起来，依次砌上去。在叠

图5-2　烧塔

砌时逐渐收缩，成塔状，最后出现塔尖，用一砖片盖于塔尖。塔中央一般插有一根较粗的木条做塔心，烧塔时可以不断燃烧保持火势。砌塔时下面要留有“灶口”，并用柴草填实塔里。除了瓦塔，潮汕有些地方也搭竹塔。竹塔是用粗口大竹搭起塔的主框架，有的竹塔高达数丈。为了延长竹塔燃烧的时间，因此中秋前几日便要提前砍竹子，选几丈长的粗口大竹，放于溪河中充分浸泡。竹塔也分层，每层放一些干柴干草树枝之类。黄昏时分，孩子们便把柴草点燃。燃至夜半，熊熊烈火从砖瓦的缝隙向天上窜。这时，他们又将准备好的松香、食盐、硫黄和鞭炮往塔里撒，发出噼啪作响之声（似鞭炮）和蓝色火焰，在夜色之中甚是好看。

三、中秋应节美食

月饼

中秋吃月饼是流行于我国民间的中秋习俗。月饼形如圆月，与人们期盼合家团圆的心愿相合，因此被称为“团圆饼”，是中秋佳节不可或缺的节日传统食品。

图5–3 朥饼

月饼也是中秋佳节受潮汕人喜爱的传统糕点。潮人制作月饼，以之祭月，并相互馈赠的习俗由来也久。明陈天资《东里志》云：八月十五日，“人家儿女，于月下设糕饼果品衣环之物，类月而拜，以请月姑”。清嘉庆《澄海县志》曰：“八月十五日为‘中秋节’，士庶家以月饼相馈。”清光绪《海阳县志》载：中秋“制团圆饼，号‘月饼’”。月饼在潮汕又称为“朥饼”。因为潮汕月饼在制作时不管是饼皮还是饼馅，都要加猪油，猪油在潮汕称为“朥”，因此潮汕本地的月饼又称“朥饼”。潮式朥饼以其香甜、脆软、肥而不腻而驰名海内外。潮式朥饼数百年来讲究遵古法制，采用手工制作，特点是皮酥薄脆，制造中的“起酥”工艺，层次分明的外观如牡丹展姿层层绽放，酥皮一碰即落，入口即化，酥脆娇嫩。朥饼以其馅料不同，分为绿豆沙朥饼、乌豆沙朥饼、双烹朥饼和水晶朥饼等。新鲜的朥饼色泽金黄鲜艳、皮酥薄脆，豆沙馅厚润滑，口味清甜，肥而不腻。

现在，随着经济的发展，网络购物的方便快捷，人们口味的变化，月饼的口味和做法也越来越多样，潮汕一些饼家除了做传统的朥饼，也做广式月饼。但不管月饼口味如何变化，中秋吃月饼的习俗是一直不变的。中秋佳节，潮汕人常常是一边赏月，一边喝着功夫茶，品着别具风味的月饼，好不惬意。

芋头

中秋节潮汕民间有剥芋食芋之俗。清顺治《潮州府志》云：“中秋玩月，剥芋食，谓之‘剥鬼皮’。”清嘉庆《澄海县志》说：“（中秋）用熟芋去皮食之，曰‘剥鬼皮’。”清乾隆《揭阳县志》载：“（中秋）或剥熟芋而食，谓之‘剥鬼皮’。关于潮汕中秋剥芋头，民间流传着这样两个传说。

图5-4 芋头

相传，元兵攻进潮州城后，实行联户制三家一保，每三家人供养一个元兵。还规定晚上不得关门，元兵想上哪家就上哪家睡觉。百姓忍无可忍，便利用中秋夜拜月娘之机，在月饼下垫一“杀”字白纸，并放一盘芋头祭拜，相约元兵吃饼时一起动手起义。因芋头的“芋”字与潮汕话“胡”字谐音，拜芋头是鼓舞百姓树立砍下胡人头颅打败元兵的信心。结果是中秋之夜起义取得成功。后来，潮汕人便世代保留中秋拜芋、剥芋食之俗。剥芋头皮即剥胡头皮之意，告诫人们不忘过去受胡人统治之耻，享受起义成功之喜悦。今天，潮汕仍喜用蒸熟的芋头拜月，以个大肉疏松、皮有裂痕者为佳品，即潮俗称芋“笑”。祭拜之后全家便剥芋皮吃芋，享受一番乐趣。

另一个传说是，相传明朝年间，倭寇侵扰东南沿海一带，百姓深受其害，朝廷派戚继光带兵抗击倭寇取得大捷，恰逢中秋佳节，官兵便在营地欢庆胜利。深夜，倭寇乘机偷袭，戚继光与士兵被围困在山上，粮草断绝，士兵们只好挖野草充饥，挖到了很多野芋，吃得津津有味但又不知其名，此时戚继光就说：“为了纪念遇难的士兵，就称它为‘遇难’吧。”有一天夜晚，戚家军饱餐“遇难”之后，英勇突围，将倭寇全歼在睡梦里，取得了突围的胜利。此后，潮汕沿海一带百姓每逢中秋节就会吃“遇难”，以此世代铭记民族陷入危难的情形和颂扬戚继光的抗倭功绩。因“遇难”与“芋艿”谐音，故而世人就把它称为“芋艿”了。

书册糕

书册糕因其外形犹如古代书籍中的竹简片而得名，寓意小孩子吃后读书聪明上进。它还有个雅号叫“云片糕”，这是因为大人们期待着小孩子将来能腾云驾雾，摘星揽月。

翻砂芋

潮汕中秋节的应节食品——翻砂芋，其制法如下：将芋头去皮，并切成比拇指略细的条状，放入油锅中炸熟捞起，稍凉后用中火再炸一分钟上色，然后另取炒锅，倒入水和白砂糖翻炒，待水和糖化成浆后下炸好的芋头翻炒，让糖浆均匀地裹在芋头条上。

图5-5 书册糕

图5-6 翻砂芋

潮汕豆方

潮汕豆方是潮汕特色小吃之一。潮汕人吃豆方有两个最传统的日子，一个是中秋，豆方是祭拜月娘必备的祭品之一；另一个是结婚的时候，要准备豆方供客人享用，并作为礼物带走。潮汕话称为“食知”“食甜”，也就是让邻居们知道自家的喜事。

腐乳饼

腐乳饼是潮汕地区的传统饼类，与广州的鸡仔饼类似，大小适宜，成年人两三口就能吃完一个腐乳饼，所以吃的时候不会觉得发腻。腐乳饼的特点是清香温润，咸甜适中，酒香沁人；馅料由猪肉和腐乳做成，饱满而不外漏，饼皮微甜，干燥而不开裂，松脆可口。

糕仔

对于小孩子来说，中秋节最期待的美食可能不是月饼而是它——糕仔。糯糯的口感，怎么吃都不会腻!

图5–7　潮汕豆方

图5–8　腐乳饼

图5–9　糕仔

糕仔多用加工熟的糯米粉或绿豆粉为原料，以糯米粉为原料的叫米糕，以绿豆粉为原料的叫绿豆糕。其做法一般是先用白糖加适量的水及猪油煮至黏稠放凉，将糯米粉或绿豆粉配上准备好的糖浆拌匀，再用制作糕点的模具将糕粉挤压成形。在这过程，还可视个人喜欢添加诸如剁碎的花生仁或芝麻等馅料。

糕仔入口清甜，是潮汕人喜爱的特色糕点。

第三节
“中秋节”诗歌赏读

中秋节童谣

一

月光光，照谷场，
谷场上，农人忙。
今年稻谷收成好，
家家户户乐陶陶。

二

八月十五月正圆，中秋月饼香又甜。
八月十五月正高，月亮婆婆过生日。
甜月饼、红柿子、苹果香蕉紫葡萄。
送给婆婆过生日，婆婆对着我们笑。

三

中秋月亮挂夜天，我追月亮田野间。
想问月亮哪里去，月亮冲我眨眨眼。
水中月亮平平扁，我戏月亮池塘边。
击破月亮满塘星，月亮一会又变圆。
月亮躲在云里面，我在月下荡秋千。
月亮出来笑一笑，秋千荡到白云边。

四

天上一个月亮，水里一个月亮。
天上月亮尖尖，水里月亮弯弯。
天上月亮挂胸间，水里月亮当小船。

五

月亮亮，吃大饼。
大饼勿吃吃小饼，
小饼勿吃吃香稃。
吃了饼，风调雨顺。
吃了稃，生活步步高。

六

月姐姐，多变化，初一二，黑麻麻，
初三四，银钩样，初八九，似龙牙，
十一二，半边瓜，十五银盘高高挂。
中秋月，净无暇，圆如镜子照我家。
打麦场边屋檐下，照着地上小娃娃。
娃娃牵手同玩耍，转个圈儿眼昏花，
一不留神摔地下，连声喊痛叫妈妈。
云里月姐说他傻，引得大家笑哈哈。

水调歌头·明月几时有

[宋] 苏轼

丙辰[①]中秋，欢饮达旦[②]，大醉，作此篇，兼怀子由[③]。

明月几时有？把酒[④]问青天。不知天上宫阙[⑤]，今夕是何年。我欲乘风归去[⑥]，又恐琼楼玉宇[⑦]，高处不胜[⑧]寒。起舞弄清影[⑨]，何似[⑩]在人间。

转朱阁，低绮户，照无眠[⑪]。不应有恨，何事长向别时圆[⑫]？人有悲欢离合，月有阴晴圆缺，此事[⑬]古难全。但[⑭]愿人长久，千里共婵娟[⑮]。

注释

①丙辰：指公元1076年（宋神宗熙宁九年）。这一年苏轼在密州（今山东省）诸城市任太守。

②达旦：到天亮。

③子由：苏轼的弟弟苏辙的字。

④把酒：端起酒杯。把，执、持。

⑤天上宫阙：指月中宫殿。阙，古代城墙后的石台。

⑥归去：回去，这里指回到月宫里去。

⑦琼楼玉宇：美玉砌成的楼宇，指想象中的仙宫。

⑧不胜：经受不住。胜：承担、承受。

⑨弄清影：意思是月光下的身影也跟着做出各种舞姿。弄：赏玩。

⑩何似：何如，哪里比得上。

⑪转朱阁，低绮户，照无眠：月儿移动，转过了朱红色的楼阁，低低地挂在雕花的窗户上，照着没有睡意的人。朱阁，朱红的华丽楼阁。绮户，雕饰华丽的门窗。

⑫不应有恨，何事长向别时圆：（月儿）不该（对人们）有什么怨恨吧，为什么偏在人们分离时圆呢？何事，为什么。

⑬此事：指人的“欢”“合”和月的“晴”“圆”。

⑭但：只。

⑮千里共婵娟：只希望两人年年平安，虽然相隔千里，也能一起欣赏这美好的月光。共，一起欣赏。婵娟，指月亮。

译文

丙辰年的中秋节，高兴地喝酒直到第二天早晨，喝到大醉，写了这首词，同时思念弟弟苏辙。

明月从什么时候才开始出现的？我端起酒杯遥问苍天。不知道在天上的宫殿，现在是何年何月。我想要乘御清风回到天上，又恐怕在美玉砌成的楼宇，受不住高耸九天的寒冷。翩翩起舞玩赏着月下清影，哪像是在人间。

月儿转过朱红色的楼阁，低低地挂在雕花的窗户上，照着没有睡意的自己。明月不该对人们有什么怨恨吧，为什么偏在人们离别时才圆呢？人有悲欢离合的变迁，月有阴晴圆缺的转换，这种事自古以来难周全。只希望这世上所有人的亲人能平安健康，即便相隔千里，也能共享这美好的月光。

赏析

很多文人墨客每到中秋都会写作诗词来抒发他们的感受，其中最负盛名的中秋词便是苏轼的这首《水调歌头》。

这首词是苏轼在中秋之夜写给弟弟苏辙的，此时他们兄弟俩都在外地做官，在这个象征着团圆的节日里，他们却天各一方，无法团聚，因此，诗人有很多感慨，于是就写了这首词。词中说人有悲欢离合的变迁、月有阴晴圆缺的转换，这是自然的规律。一直团聚、从不分别这种事自古以来难以周全。只希望这世上所有人的亲人能平安健康，即便相隔千里，也能共享这美好的月光。这首词围绕中秋明月展开想象和思考，既把人世间的悲欢离合之情纳入对宇宙人生的哲理性追寻之中，反映了作者复杂而又矛盾的思想感情，又表现出作者热爱生活与积极向上的乐观精神，成为千古中秋词的绝唱。

嫦　娥[①]

［唐］李商隐

云母屏风[②]烛影深，长河渐落晓星沉[③]。
嫦娥应悔偷灵药，碧海[④]青天夜夜心。

注释

①嫦娥：古代神话中的月中仙女，江苏人。《淮南子·览冥训》：“羿请不死之药于西王母，恒娥窃以奔月。”恒又作姮。这是关于嫦娥奔月的另一个版本。传说后羿从西王母那里得到的灵药只有一颗，为了长生不老，嫦娥就窃取了后羿的灵药，自己奔月了。

②云母屏风：用云母做的屏风。此言嫦娥在月宫居室中独处，夜晚，唯烛影和屏风相伴。

③长河句：银河逐渐向西倾斜，晓星也将隐没，又一个孤独的夜过去了。

④碧海：《十洲记》：“扶桑在东海之东岸，岸直，陆行登岸一万里，东复有碧海，海阔狭浩汗，与东海等，水既不咸苦，正作碧色。”

译文

透过装饰着云母的屏风，烛影渐渐暗淡下去。银河渐渐沉没，晨星渐渐消失。

嫦娥后悔寂寞，后悔偷吃灵药，现在只有那青天碧海夜夜陪伴着她一颗孤独的心。

赏析

诗歌前两句描绘主人公的环境和永夜不寐的情景。室内，烛光越来越黯淡，云母屏风上笼罩着一层深深的暗影，越发显出居室的空寂清冷，透露出主人公在长夜独坐中黯然的心境。室外，银河逐渐西移垂地，牛郎、织女星隔河遥望，本来也许可以给独处孤室的不寐者带来一些遐想，而这一派银河即将消失。那点缀着空旷天宇的寥落晨星，仿佛默默无言地陪伴着一轮孤月，也陪伴着永夜不寐者，此时连这最后的伴侣也行将隐没。"沉"字逼真地描绘出晨星低垂、欲落未落的动态，主人公的心也似乎正在逐渐沉下去。"烛影深""长河落"“晓星沉”，表明时间已到将晓未晓之际，着一“渐”字，暗示了时间的推移流逝。寂寞中的主人公，面对冷屏残烛、青天孤月，又度过了一个不眠之夜。尽管这里没有对主人公的心理作任何直接的抒写刻画，但借助于环境氛围的渲染，主人公的孤清凄冷情怀和不堪忍受寂寞包围的意绪却几乎可以触摸到。

在寂寥的长夜，天空中最引人注目、引人遐想的自然是一轮明月。看到明月，也自然会联想起神话传说中的月宫仙子——嫦娥。据说她原是后羿的妻子，因为偷吃了西王母送给后羿的不死药，飞奔到月宫，成了仙子。“嫦娥孤栖与谁邻？”在孤寂的主人公眼里，这孤居广寒宫殿、寂寞无伴的嫦娥，其处境和心情不正和自己相似吗？于是，不禁从心底涌出这样的意念：嫦娥想必也懊悔当初偷吃了不死药，以致年年夜夜，幽居月宫，面对碧海青天，寂寥清冷之情难以排遣吧。“应悔”是揣度之词，这揣度正表现出一种同病相怜、同心相应的感情。由于有前两句的描绘渲染，这“应”字就显得水到渠成，自然合理。因此，后两句与其说是对嫦娥处境心情的深情体贴，不如说是主人公寂寞的心灵独白。

虽然对于这位寂处幽居、永夜不寐的主人公究竟是谁，诗中并无明确交代。但是，诗中所抒写的孤寂感以及由此引起的“悔偷灵药”式的情绪，却融入了诗人独特的现实人生感受，而含有更丰富深刻的意蕴。

折桂令·中秋

［元］张养浩

一轮飞镜[①]谁磨？照彻乾坤，印透山河。玉露泠泠[②]，洗秋空银汉[③]无波，比常夜清光更多，尽无碍桂影婆娑。老子高歌，为问嫦娥，良夜恹恹[④]，不醉如何？

注释

①飞镜：比喻中秋之月。

②玉露泠泠：月光清凉、凄清的样子。泠泠，清凉之貌也。

③银汉：天河。

④恹恹：无精打采的样子。

赏析

这首散曲抒发的是中秋夜一醉方休的情致。作者着力描写月光的澄澈，通过对澄澈月光的反复渲染创造出一种异常宁静的境界氛围。中秋之夜，月亮格外圆满明净，给人一种新奇之感。以“飞镜”作比，使人产生一种这明月不知是从何处突然飞来挂到天上的联想。而“谁磨”一问，更造成一种月光明亮无比的情势。正因明光亮得出奇，才引起作者发此惊问。下面两句，转入对月光的具体描写，但作者没有进行正面描绘，而是采用侧面烘托的手法来表现月光的明亮。天地人间，山川原野，都被照耀得如同白昼，“彻”“透”两字，形象地表现了月光照耀的程度。“玉露”“无波”两句，又从另一侧面来写，只是它比前两句写得更加空灵。玉露将秋空洗得银汉无波，那莹洁如玉的秋露，正是皓月映照下的特有产物。秋光如洗，月色较往常更为明净。纵使如此，也并没有妨碍月中桂树展现其优美洒落的身影。面对此情此景，作者不禁情从中来，他引吭高歌，并向月中的嫦娥发问：在这美好宁静的月夜，怎能不举杯痛饮，一醉方休呢？

十五夜①望月寄杜郎中

［唐］王建

中庭②地白③树栖鸦④，冷露⑤无声湿桂花。

今夜月明人尽⑥望，不知秋思⑦落⑧谁家。

注释

①十五夜：指农历八月十五的晚上，即中秋夜。杜郎中，名杜元颖。

②中庭：即庭中，庭院中。

③地白：指月光照在庭院的样子。

④鸦：鸦雀。

⑤冷露：秋天的露水。

⑥尽：都。

⑦秋思：秋天的情思，这里指怀人的思绪。

⑧落：在，到。

译文

中秋的月光照射在庭院中，地上好像铺上了一层霜雪那样白，树上的鸦雀停止了聒噪，进入了梦乡。

夜深了，清冷的秋露悄悄地打湿庭中的桂花。今夜，明月当空，人们都在赏月，不知那茫茫的思念之情落在谁家？

赏析

王建的这首诗，诗题中“十五夜”结合诗中的“桂花”和“月明人尽望”，应该是指中秋之夜。

这首诗意境很美，诗人运用形象的语言，丰美的想象，渲染了中秋望月的特定的环境气氛，把读者带进一个月明人远、思深情长的意境，加上一个唱叹有神、悠然不尽的结尾，将别离思聚的情意表现得非常委婉动人。

明代《唐诗画谱》中就有以这首诗为题材的版画。它的背景为曲岸远山，长空明月。画面中心是一处临水的胜游之地，曲栏围着竹木太湖石，一株高大的落叶梧桐树上有几只栖鸦，树旁生长着枝叶婆娑的秋桂。树下五人，两人望月而语。

一剪梅·中秋元月

[宋] 辛弃疾

忆对[①]中秋丹桂丛。花在杯中。月在杯中。今宵楼上一尊同。云湿纱窗。雨湿纱窗。

浑欲乘风问化工[②]。路也难通。信也难通。满堂惟有烛花红。杯且从容。歌且从容。

注释

①忆对：回忆。

②化工：造物者，上天。辛弃疾特别喜欢用典，“化工”一词大约就是典故，大概出于汉朝贾谊的《鹏鸟赋》中一句：“且夫天地为炉兮，造化为工；阴阳为炭兮，万物为铜。”大意是：天地是一个大熔炉，造化就是炉匠，阴阳二气生起炭火，万物像铜一样都在里头熔炼翻滚。

译文

回忆昔日中秋，我在丹桂丛中饮酒赏月，鲜花在酒杯中，皓月在酒杯中。今年的中秋，因为下雨，只能在楼上过，酒是相同的，但窗前又是乌云，又是雨水。

我简直想乘风上天去质问（天公），奈何天路不通，投书无门。画堂里没有月亮，只有红烛照耀，只好从容地举杯喝酒，从容地欣赏歌舞。

赏析

这是一首作于中秋之夜的词，词人写到了过中秋的习俗，即赏月、饮酒、赏桂花。

词的上阕描写了词人回忆曾经在一个晴朗的中秋，置身丹桂丛中，月波花影荡漾在酒杯中，而今年的中秋之夜天气却不好，云雨湿了纱窗，只有蜡烛闪光的情景；下阕描写了词人想要乘风上天去质问天官，但路也难通，信也难通，只得在烛光下慢慢喝酒、唱歌的情景。结合此人的生平，此词表达了词人壮志难酬、怀才不遇的愤懑情怀。

第四节 多领域“中秋节”主题教育活动设计

艺术领域活动：绘画“望月烧塔”

（适用班级：小班）

一、活动目标

1. 了解中秋节的由来及蕴含的意义。

2. 知道潮汕地区中秋时节拜月娘和烧塔的风俗习惯。

3. 通过拓印、粘贴以及超轻黏土等综合材料的运用来表现中秋节的节日气氛，让幼儿在玩乐中更好地感受中秋的氛围，从而使幼儿在认识中国传统文化的过程中培养爱国热情。

二、活动准备

大小号棉棒，圆形黑色卡纸，黄色卡纸，棕色卡纸，红色颜料，白色颜料，黑色、粉色、白色轻黏土，红色水彩笔。

三、活动过程

（一）导入

中秋节，又称仲秋节、拜月节、月娘节、团圆节等，是中国民间的传统节日。中秋节源自天象崇拜，由上古时代秋夕祭月演变而来。中秋节的晚上，人们有拜祭月神和赏月的习俗。拜月，是指在家门前的桌上摆上月饼、西瓜、苹果、红枣、李子、葡萄等礼品，朝月亮的方向，拜祭月亮，祈求福佑。祭月赏月，托月追思，表达了人们的美好祝愿。（如图5-10）

图5-10

（二）观察图片

观察中秋节烧塔的图片，总结出塔的造型特征。（如图5-11）

图5-11

（三）介绍人物

介绍中秋节的相关人物嫦娥、玉兔，分享嫦娥奔月的故事。（如图5-12）

图5-12

（四）制作过程

1．黄色卡纸剪出圆形当月亮，贴在黑卡纸最上面，棕色卡纸剪出梯形当塔贴在中间或两边。（如图5–13）

2．用大号棉棒蘸取白色颜料在黑色卡纸下方印上四个圆形，当小兔子的身体。（如图5–14）

3．用小号棉棒取白色颜料印在大的圆形上方，当小兔子的头。（如图5–15）

图5–13

图5–14

图5–15

4．用毛笔蘸取红色颜料在梯形卡纸上画出火焰，当作烧塔。（如图5–16）

5．用红色水彩笔画出小兔子的耳朵和尾巴，黑色黏土做眼睛。（如图5–17）

6．在月亮的周围用白色黏土做几朵云朵，最后用白色颜料敲点点做星空装饰。（如图5–18）

图5–16

图5–17

图5–18

艺术领域活动：制作纸灯笼

（适用班级：中班、大班）

一、设计意图

通过制作纸灯笼，体验亲手制作灯笼的乐趣。

二、活动目标

1. 通过讨论月亮的变化，让孩子们知道农历的八月十五是中秋节，是我们国家的民间节日。

2. 介绍中秋节的来历，让孩子们知道中秋节又叫团圆节。

3. 了解人们在中秋节的活动。

提问：你喜欢过中秋节吗？你们知道中秋节有什么活动吗？

三、活动准备

正方形、圆形彩纸、儿童安全剪刀、勾线笔。

四、活动过程

（一）导入活动

师：为了迎接中秋节，我们做一些灯笼来装扮教室吧。

（二）讲解示范

1. 提问：你看到过什么样的灯笼？

2. 告诉幼儿，老师给小朋友准备了正方形和圆形的彩纸。

3. 请个别幼儿在纸上大胆作画。画前先请他说说准备画什么样的灯笼。老师要提醒幼儿把图案画大，以便让人清楚地知道这是什么灯笼。

4. 老师示范剪流苏：先将一个小正方形纸折一个细长条打开后，用剪刀从下往上剪流苏。直至剪到刚才的折线处。

5. 将剪下的流苏和幼儿讨论后，贴在刚才画好的灯笼的下方中间处。

（三）幼儿操作

重点：老师提醒幼儿要将图案画在纸的中间，并且画大。

难点：流苏尽量剪细。

老师辅助能力弱的幼儿完成作品。

（四）展示作品

幼儿将自己做的灯笼悬挂在事先准备好的线上，然后相互介绍和欣赏。

五、活动延伸

与小朋友分享制作灯笼的乐趣并一起欣赏灯笼。

艺术领域活动：美丽的中秋

（适用班级：中班、大班）

一、活动目标

1. 简单了解中秋节来历及习俗。
2. 能运用剪贴、涂色、敲打笔等方式自由创作美丽“中秋创意画”。
3. 感受中秋节美好的节日氛围。

二、活动准备

1. 环境准备：教师活动前在走廊展示墙留出空间供幼儿展示作品。

2. 物质准备：PPT课件（月亮的图片、《中秋节的来历》视频、“中秋习俗”组图、“中秋创意画”组图、《中秋创意画》制作视频），水，水粉颜料，调色盘，画笔，各色超轻黏土，黑色、白色及黄色卡纸，剪刀，固体胶，罩衣。

三、活动过程

1. 出示“月亮”组图，引导幼儿简单了解中秋节的含义。

师：

（1）有一个节日和月亮有关，你们知道是什么节日吗？

（2）猜猜看，哪个月亮的形状是中秋节时的呢？（圆圆的那个）

小结：中秋节是我们国家的传统节日，在每年的农历八月十五，这时候的月亮又圆又亮。

2. 播放动画视频《中秋节的来历》，引导幼儿了解中秋节的来历。

师：关于中秋节的来历有一个美丽的传说，我们一起穿越到古代去看看吧。

3．播完视频，进行提问，引导幼儿进行回忆。

师：

（1）嫦娥吃下了仙丹，飘到了什么地方？

（2）人们知道这件事情后，是怎么做的呢？

（3）他们为什么要在月亮下祭拜嫦娥？

（4）是在哪一天祭拜的呢？

（5）为什么这个节日又叫作中秋节？

小结：嫦娥为了不让坏人夺走仙丹，自己吃下了仙丹，随后飘到月亮上，后羿只能在夜里望着月亮思念嫦娥。人们知道这件事情后，便在院子里摆上嫦娥爱吃的东西，在月亮下祭拜嫦娥，祈求嫦娥和后羿能早日团圆，也祈求自己和家人平安快乐。这天正好是农历八月十五，后来在八月十五祭拜月亮便逐渐变成了节日，又因为那天正好在秋天的中间，所以又叫作中秋节。

4．出示“中秋习俗”组图，引导幼儿了解中秋节习俗。

（1）鼓励幼儿联系已有经验讲一讲中秋节的习俗。

师：在中秋节这天，人们除了会祭拜月亮，还会做些什么呢？

（2）出示“中秋习俗”组图，引导幼儿进一步了解中秋节习俗。

师：看看图片上的人们都在中秋节时做什么？

小结：中秋节这天，家家户户团聚在一起赏月、吃月饼、赏桂花、喝桂花酒、吃中秋宴、玩花灯等，共同庆祝中秋。

5．出示图片“漂亮的创意画”、“中秋创意画”制作视频及步骤图，鼓励幼儿自制中秋创意画，感受中秋节愉快、美好的节日氛围。

（1）出示图片“漂亮的创意画”，激发幼儿制作兴趣。

（教师也可出示实物——创意画）

师：“中秋节就快要到了，老师做了几幅中秋创意画，大家看看。你们想不想也拥有一幅漂亮的中秋创意画呢？一起来试试吧。”

（2）播放制作视频并出示“中秋创意画”的制作流程图，引导幼儿了解中秋创意画的制作方法。

①播放制作视频，引导幼儿初步了解制作方法。

师：中秋创意画要怎么做呢？一起来看一看吧。

②出示“中秋创意画”步骤图，帮助幼儿梳理制作方法，支持幼儿思考其他制作方法。

师：想要制作中秋创意画，我们首先要做什么呢？

师：可用画笔蘸取颜料，然后用另外一支笔敲出星星，然后我们一起回忆视频里的月亮是怎么制作的？或者你们有其他更好的方法制作月亮吗？

师：你们想在月亮周围画些什么呢？可以用视频里的方法：用黏土制作云朵，那么黏土还可以制作哪些东西装饰在月亮周围呢？小朋友们想一想。

（3）幼儿自由创作，教师巡回指导。

建议：教师可鼓励幼儿运用不同材料、形式去制作创意画，并注意提醒幼儿安全使用剪刀。

（4）幼儿分享自己的作品，并装饰在教室走廊的展示墙上。

四、活动延伸

（一）区域活动

1. 美工区：投放卡纸、固体胶、剪刀、水粉颜料、画笔等材料，鼓励幼儿继续创作中秋创意画。

2. 语言区：讲“中秋节的来历”组图、“中秋习俗”实拍图，加深幼儿对中秋节的印象。

3. 角色扮演区：分角色表演中秋节的由来的传说。

（二）日常活动

教师可在点心时间与幼儿共同品尝月饼。

（三）家园共育

1. 家长可带领幼儿在中秋节时赏月，给幼儿讲述中秋节的其他传说，如“吴刚伐树”等，丰富幼儿知识储备。

2. 家长可与幼儿一起观看中秋晚会，或参与社区举办的中秋活动，带领幼儿亲身感受中秋美好的节日氛围。

◆温馨提示

1. 教师可根据班级实际情况，将本活动分两次开展：第一次活动了解中秋节的由来及习俗，丰富幼儿对“中秋”的知识储备；第二次活动制作中秋剪贴画。如果想一次完成两个活动，教师也可将手工环节延伸至区域活动。

2. 制作环节中用于敲打出“星星”的颜料不宜过稠，教师可提前准备好水，让幼儿自行尝试调试好颜料。

健康、艺术领域活动：圆圆的月饼

（适用班级：小班）

一、设计意图

中秋佳节，月圆之夜，也是团圆之夜，月饼作为团圆的象征，通过创作的方式让幼儿更好地体验中秋佳节万家团圆的美好情感，拉近幼儿与传统节日的距离。

二、活动目标

1. 知道月饼有不同的口味，并了解其原料组成。
2. 锻炼幼儿手部的精细动作。
3. 能大胆地在同伴面前表达自己的想法。

三、活动准备

物质准备：多种口味的月饼、月饼图片、轻黏土。
知识经验准备：与家人共度中秋节的经历。

四、活动过程

（一）导入（引入活动）

师：在中秋节的时候，我们会吃一种长得跟月亮很像的食物，有小朋友知道是什么吗？小朋友们吃过的月饼是什么样子的？

（二）正式（基本部分）

1. 初步观察。

师：小朋友们看这是什么呀？这些月饼长得有什么不一样吗？这些月饼都是什么形状的？为什么要做成圆形的呢？

（引导幼儿仔细观察物体的外在特征，以月饼之圆象征着团团圆圆）

2. 通过品尝进行感知。

师：小朋友们想不想尝尝看它们都是什么味道的呀？

（从多个角度对幼儿进行引导，如原材料的组成、味道、口感等）

师：榴莲冰皮月饼——皮是白色的，有榴莲流心；五仁月饼——馅料有核桃仁、花生仁、松子仁、瓜子仁、芝麻仁；酥皮鲜肉月饼——外表是脆脆的，里面就像一块大肉丸；莲蓉月饼——里面有蛋黄，闻起来有莲子的香味。

（对于幼儿日常生活中不常见到的食材，教师可通过向幼儿展示图片，帮助幼儿拓宽认知）

师：小朋友们最喜欢的是哪种口味的月饼呢？

（鼓励幼儿大胆表达自己的想法，每个人都有各自的喜好，没有好坏之分）

3. 制作轻黏土月饼。

师：现在请小朋友们用轻黏土来创造出自己最喜欢的月饼吧！

（鼓励幼儿大胆想象）

（三）结束（作品展示）

师：小朋友们制作的月饼看起来都很美味呀，这么美味的月饼是怎么制作出来的呢？请把你做的月饼摆放在小盘子上，向大家展示你的作品吧！

五、活动延伸

和幼儿一起欣赏与中秋节相关的儿歌。

语言领域活动：中秋节的来历

（适用班级：大班、中班）

一、设计意图

通过分享“月亮姑娘做衣裳”的故事，让幼儿了解到月亮是不断变化的。

二、活动目标

1. 通过活动，让幼儿初步了解中秋节的来历。
2. 体验与同伴、老师一起过节的快乐。

三、活动准备

发动幼儿自带水果或月饼。

四、活动形式

班级集体活动。

五、活动流程

介绍节日—欣赏故事—亲子游戏—谈话品尝。

六、活动内容

1. 向幼儿介绍有关中秋节的来历，让幼儿知道中秋节的日期。
2. 欣赏故事《月亮姑娘做衣裳》，了解月亮是不断变化的。

讨论：为什么月亮姑娘的衣服总是穿不下？（后面附故事内容）

3. 亲子游戏。

游戏一：手指游戏《变变变》。

玩法：用小手指做游戏。

游戏二：韵律游戏《拍手点头》。

玩法：根据音乐的节奏与歌词来做出拍手和点头的动作。

游戏三：粘泡泡糖。

玩法：家长和幼儿一起问教师："泡泡糖，泡泡糖，粘什么？"

教师回答："两个两个粘 × ×。"后面教师可随机说。

游戏四：击鼓传花。

玩法：一人敲鼓，其他人依次传递物品。当音乐停止，物品在谁的手上，就由谁来进行表演。

4. 谈话品尝。

讨论：中秋节都吃什么？

分享：共同品尝自带的月饼和水果，说说自己所带的食品。

七、活动延伸

与家人和朋友分享《月亮姑娘做衣裳》的故事。

月亮姑娘做衣裳

夜晚，月亮姑娘出来了，细细的，弯弯的，好像小姑娘的眉毛。凉风吹得她有点冷，她就撕了一块云彩裹在身上。月亮姑娘想：我还是找一位裁缝师傅做件衣裳吧。裁缝师傅给她量了尺寸，让她五天以后来取。过了五天，月亮姑娘长胖了一点儿，好像弯弯的镰刀。她来取衣裳了，衣裳做得真漂亮，可惜太小了，穿在身上连扣子也扣不上。裁缝师傅决定给她重新做一件，重新量了尺寸，让她再过五天来取。五天又过去了，月亮姑娘又长胖了一点，弯弯的像只小船。她来取衣裳，衣裳做得更漂亮了，可惜月亮姑娘连套也套不上。裁缝师傅涨红了脸，说："我只好重做了。"又过了五天，月亮姑娘来取衣裳，裁缝师傅看到月亮姑娘变得圆圆的，像一只圆盘那样，吃了一惊："啊，你又长胖了！"裁缝师傅叹了一口气，对月亮姑娘说："唉！你的身材量不准，我没法给你做衣裳了。"

原来，月亮姑娘每天都在变化，所以她到现在还穿不合身的衣裳。白天太阳公公出来了，她不好意思出来，只有在晚上才悄悄地露面。

语言领域活动：月亮、月饼的寓意

（适用班级：中班）

一、设计意图

通过学习中秋节的有关习俗，让幼儿理解月圆人圆的寓意。

二、活动目标

1. 知道八月十五中秋节是我国的传统节日，了解中秋节的来历和相关习俗，理解月圆人圆的寓意。

2. 喜欢过中秋节，体验并分享与教师、同伴共同过节的快乐。

三、活动准备

经验准备：幼儿和家长共同做好迎接中秋节的准备，共同收集有关中秋节的来历及主要习俗的资料，共同关注并观察月亮的变化。

材料准备：有关月亮的电子图片，幼儿自带月饼、各种水果，背景音乐《春江花月夜》。

四、活动过程

1. 猜关于月亮的谜语，引发幼儿的兴趣。

师：有一种东西，有时挂在树梢，有时挂在山腰，有时像个圆盘，有时像条小船，猜一猜是什么？我们马上要过一个和月亮有关的节日，你们知道是什么节日吗？

2. 了解有关中秋节的来历和相关传说。

提问：你知道中秋节是怎么来的吗？（幼儿根据已有经验自由讲述）

师：中秋节还有很多美丽的传说和故事，谁来说一说？

小结：人们关于中秋的来历有很多美好的想象，一代一代传了下来。古代的人们将一年分为四个季节，八月正好是秋季中的一个月，叫“仲月”，农历八月十五是这个月中间的一天，所以把这一天叫“中秋节”。

3. 了解人们过中秋节的有关习俗。

师：小朋友们，你们会怎样和家人一起过中秋节呢？

4. 了解月饼的意义，体验月圆人圆的寓意。

师：小朋友都知道中秋节要吃月饼，今天大家带来了各种各样的月饼。你们吃过月饼吗？月饼是什么味道的？你们发现这些月饼都是什么形状的呀？中秋节为什么吃

月饼？为什么人们要把月饼做成圆形的呢？（引导幼儿感受月圆与团圆的关系，引申到月圆人圆又表示圆满、丰收之意）

5．体验与同伴、教师一起过节的快乐。

欣赏乐曲《春江花月夜》，师幼边听音乐边品尝月饼、水果，引导幼儿互相说一说祝愿的话或吟诵有关中秋的诗句，体验节日的快乐。

五、活动延伸

1．鼓励幼儿在中秋之夜与家人共同赏月，感受月圆之夜月色的美好。
2．将赏月的情景或感受画出来或描述出来，带到幼儿园与同伴分享。

语言领域活动：欣赏诗歌《月亮对我笑》

（适用班级：中班）

一、设计意图

通过朗诵诗歌，引起幼儿学习的兴趣。

二、活动目标

1．在观察、表达图片内容的过程中，理解、学习诗歌。
2．感受诗歌的情境，尝试分角色、有表情地朗诵诗歌。

三、活动准备

供老师操作的实物投影图片，图片内容有月亮（各种表情、可移动）、云朵、电视机、小朋友（可移动）、小床等。

四、活动过程

出示诗歌：

月亮越爬越高，
老对着我笑。
问她笑什么？
她说我该睡觉。
哎不急，还早哩，

再听个故事多好！
月亮生气了，
钻进云里，把天灯关掉。
我说，
好，听你的话。
她打开了灯又对着我照。

1．倾听教师朗诵诗歌，引起兴趣。
欣赏教师操作教具、朗诵诗歌，感受诗歌内容。
根据幼儿的问题进行讨论。
2．在图片的提示下，学念诗歌。
再次欣赏教师朗诵并轻声跟念。
尝试在图片的提示下朗诵诗歌。
3．分角色朗诵诗歌

五、活动延伸

把诗歌分享给爸爸妈妈。
附：其他与月亮有关的儿歌

月亮月亮明明，走路带上大烧饼，
一边走一边咬，到月底吃完了，下月十五又圆了。

月儿弯弯挂树梢，好像一把小镰刀，
我要借它用一用，割把青草喂羊羔。

月亮弯弯弯上天，牛角弯弯弯两边，
镰刀弯弯好割草，犁头弯弯好种田。

天上一个月亮，水里一个月亮。
天上月亮尖尖，水里月亮弯弯。
天上月亮挂胸间，水里月亮当小船。

初一一条线，初二看得见，
初三初四像娥眉，十五十六圆又圆。

月亮走，我也走，我和月亮交朋友。
袋里装着两只蛋，送给月亮当早饭。

月亮奶奶，爱吃韭菜，
韭菜侯辣，爱吃黄瓜，
黄瓜有种，爱吃油饼，
油饼喷香，爱吃片儿汤，
片儿汤不烂，爱吃鸡蛋。

今晚的光儿分外明，
八月十五月亮圆，
月亮圆圆像银盘，
红木桌子金闪闪，
西瓜月饼供上天，
海棠果，红枣鲜，
当中摆个大鸭梨，
红白石榴两边站，
手捧甜球把月拜，
拜得月亮爷爷心欢喜，
银辉朗朗撒满地，
保咱天下都平安。

月姑娘在天上，圆又圆亮又亮，
花姑娘在树上，又美丽又清香。

小白兔白又白，你从月宫走下来。
月亮里有棵桂花树，九月九日把花开。
姐戴一朵上花轿，妹戴一朵去拾柴，
剩下一朵送给我，我把桂花树门前栽。
十年长成桂花树，不用你白兔再送花来。

社会领域活动：月儿圆圆，心儿甜甜

（适用班级：中班、大班）

一、设计意图

了解中秋节的来历，知道中秋节是我国的传统节日，通过亲子交流，增进感情。

二、活动目的

1. 通过各种活动让幼儿知道阴历八月十五是中秋节，初步了解中秋节的来历，知道中秋节是我国的传统节日。
2. 让幼儿通过品尝月饼、制作水果拼盘、月饼拼盘等活动体验节日的快乐。
3. 通过活动，促进亲子交流，增进幼儿与家长之间的感情，体验节日的快乐。

三、活动准备

1. 水果、月饼。
2. 呼啦圈、气球若干个。
3. 一次性水果盘。

四、活动过程

第一环节：介绍中秋节的由来。

第二环节：亲子其乐融融游戏。

亲子游戏：蜈蚣散步。

故事导入：森林里举行运动会，蜈蚣报名参加了赛跑。一大早，蜈蚣妈妈就把小蜈蚣从床上拉了起来，叫他吃好早饭后赶到比赛现场。说完妈妈便到屋后菜园种菜去了。好半天后，蜈蚣妈妈忽然听见小兔在喊：“蜈蚣，蜈蚣，比赛快开始啦！你怎么还不去呀？”蜈蚣妈妈想着：“这孩子跑到哪去了？”推开门一看，可把她吓了一跳。原来小蜈蚣在忙着穿鞋呢。他的脚太多太多，穿了好半天都还没穿完。

目的：锻炼孩子的耐力和腿部力量。

准备：给孩子看蜈蚣的图片，让孩子知道蜈蚣走路的方式。

游戏过程：

1. 由孩子排头，家长将手搭在孩子肩上，蹲下。
2. 随着一二、一二的口令，孩子和家长向前行走，脚步要协调，不能乱。

提示：可以多叫几个家庭成员一起参加。

再念一首儿歌：一百只脚的小蜈蚣，穿起鞋来不轻松，不轻松，快用功，赶紧上路急匆匆。

3. 亲子制作水果拼盘和月饼拼盘。

以六个家庭为一组，利用自己带来的水果和月饼合作制作水果拼盘和月饼拼盘，并且和幼儿一起品尝。

第三环节：放孔明灯。

五、活动延伸

与家长朋友们分享中秋节的来历，了解更多关于中秋节的习俗。

社会领域活动：水果拼盘比赛

（适用班级：中班、大班）

一、设计意图

通过活动，了解中秋节也是水果丰收的节日，通过亲子互动，增进幼儿与父母的感情。

二、活动目标

（1）通过活动，让幼儿了解中秋节也是水果丰收的节日。

（2）通过家庭小组式竞赛活动，促进亲子交流，增进幼儿与父母之间的感情，体验节日的快乐。

三、活动准备

小组号牌、自带水果、一次性塑料刀具、盘子等。

四、活动过程

1. 教师介绍活动的意义：秋天是水果丰收的季节，在这一天，家家户户都会坐在月下，不单赏月，还要品尝月饼和各种丰收的水果，感受生活的富足。

2. 介绍游戏规则。

今天我们的家长也带来了丰富的水果，我们先来介绍一下（个别家庭介绍自己带来的水果名称，基本特性）。现在我们将举行一个制作水果拼盘的大赛，活动规则如下：

（1）以三个家庭为一小组，发放号牌。

（2）在规定时间内，不但要比造型，还要比桌面整理。

（3）幼儿参与性将作为优先评奖标准。

（4）奖项有：配合默契大奖和最佳造型奖。

3. 水果拼盘比赛。

教师注意进行部分协作，其他班教师记录并进行评奖。

4. 评选与品尝活动。

颁发奖状，互相交换品尝水果拼盘。

5. 教师进行活动小结。

你们今天这个中秋节过得怎么样?（请幼儿说一说自己的感觉）

“你还知道哪些我们中国的传统节日呢?”

“你喜欢过这些节么?”

五、活动延伸

与同伴分享水果拼盘。

健康领域活动：制作朥饼

（适用班级：大班）

一、活动目标

1. 了解做朥饼的过程，练习团、压、捏、刻、印等技能。
2. 锻炼手部动作的灵活性，鼓励幼儿大胆制作，培养想象力、创造力。
3. 感受中秋节的欢乐气氛，体验自己的劳动成果。

二、活动重、难点

1. 活动重点：知道中秋节的习俗及传统小吃。
2. 活动难点：锻炼手部动作的灵活性，团、压、捏、刻、印等技能。

三、活动准备

1．经验准备：有过中秋、吃过朥饼的生活经验。

2．物质准备：图片、与油酥混合揉匀的面团、馅料、面粉、帽子、桌布、口罩、模具。

四、活动过程

1．图片、谈话导入，激发幼儿的兴趣。

师：小朋友们看，这些是什么呀？你们吃过吗？那你们吃的朥饼是什么形状的？什么味道的？里面都有些什么？

2．基本部分。

（1）教师边讲解边示范月饼的做法：

老师事先准备好与油酥混合揉匀的面团，取饼皮，中间按一下，再捏住两头往中间收。按扁擀成圆形，包入馅料，收紧接口，收口向下放入烤盘。

（2）幼儿自己制作。教师巡回指导，教幼儿团、压、捏、刻、印等技能，引导幼儿做出不同形状、不同花纹的朥饼来。

（3）带领幼儿边唱打月饼的歌曲，边把自己制作的朥饼放入烤箱里。

五、活动延伸

把做好的朥饼拿到烤箱里烤熟，让孩子们品尝自己亲手制作的朥饼，回家后可以与父母一起分享做朥饼的乐趣，一起制作朥饼。

健康领域活动：剥芋头

（适用班级：中班、大班）

一、活动目标

1．认识芋头、了解芋头的外形特征。

2．通过学习剥芋头，提高动手能力。

3．在剥芋头的过程中，体验剥芋头的乐趣。

二、活动重、难点

1. 重点：让幼儿充分认识芋头的外形以及掌握剥芋头的方法。
2. 难点：幼儿手眼协调地完成剥芋头这个游戏。

三、活动准备

1. 材料准备：芋头若干、盆子、儿童围裙。
2. 经验准备：生活中有过剥芋头的经验。

四、活动过程

师：小朋友们，我们今天来体验一个关于中秋节的文化习俗——剥芋头吧！我们潮汕人中秋拜月娘，供品中必有芋头，民间有剥芋头、吃芋头的习俗。如今我们仍然喜欢用蒸熟的芋头拜月，祭拜完月娘之后全家便剥皮食芋，好好享受这一番乐趣。

师：现在我先讲一下剥芋头的活动规则：首先分组，请小朋友们自己找好自己的小伙伴，以六位小朋友为一组（不可以超过六个人哦），我们来进行一个小小的比赛，每个小组的桌前都有一盆芋头，在老师规定的时间内（5分钟），看看哪个小组的小朋友剥的芋头多，哪一个组就赢了。

师：请小朋友们现在开始找自己的小伙伴组好队。

师：小朋友们现在找好自己的小伙伴了吗？

师：那我们现在先请小朋友们洗手，然后请各组小朋友们站到自己的桌子前面，等待老师发出口令，就可以开始剥芋头了！

师：请小朋友开始剥芋头了（老师开始计时）。

（老师在适当的时候可以引导小朋友剥芋头）

师：好，现在比赛时间已经到啦，请各组的小朋友算一下一起剥了多少个芋头，我们来看看哪个小组的小朋友们剥的芋头最多，最多的那组小朋友就赢了！

（幼儿清点自己小组剥好的芋头）

师：好，请每个小组来说一下你们都剥了多少个芋头。

师：好，现在我们都知道了每个小组各剥了多少个芋头。因为××小组剥的芋头个数最多，所以他们赢啦！

五、活动延伸

师：我们今天尝试了自己动手剥芋头，也学到了剥芋头的方法，小朋友们觉得我们潮汕文化剥芋头活动好玩吗？

师：好，那请我们的小朋友回到家之后也和爸爸妈妈分享一下我们今天学到的怎么剥芋头以及剥芋头的乐趣，也可以动手帮爸爸妈妈剥芋头，好吗？

健康领域活动：烧塔（叠叠高）

（适用班级：中班、大班）

一、活动目标

1. 通过叠杯游戏，提高幼儿手的动作灵活协调。
2. 尝试用各种方法解决堆高过程中遇到的问题。
3. 发展幼儿专注力，游戏中与同伴协作的能力。

二、活动重、难点

1. 重点：提高幼儿的手眼协调和专注力。
2. 难点：跟同伴解决在堆高过程中遇到的困难。

三、活动准备

1. 物质准备：若干纸杯、若干纸板。
2. 经验准备：堆叠积木。

四、活动过程

师：小朋友们，前面我们体验了关于中秋节习俗的活动，你们还记得吗？喜不喜欢呢？

师：我们今天要来继续体验中秋节的另外一个习俗活动——烧瓦塔。烧瓦塔前需要先搭塔，瓦塔是用废砖堆砌而成的。我们用纸杯和纸板来堆砌，体验搭瓦塔的乐趣吧。

图5–19

师：请小朋友们寻找自己的小伙伴来搭建（以六人为一组）。

师：请组好队的小朋友在自己的位置站好。现在老师带领小朋友们玩一项新的游戏，叫“叠叠高”，看哪个小组在规定的时间内叠得最高，哪个小组就获胜。老师会提前准备好纸杯和硬纸板，小朋友们可以根据你们的需要去拿取。在老师规定的时间内（10分钟），哪组的小朋友把纸杯搭得更高更稳固，哪组小朋友就赢了！

师：现在请小朋友们开始去拿你们搭建的材料。

师：请观察你们手中搭建的材料，想一想你们要怎么搭建才能更高更稳。

师：老师这里有搭建好的一些图片，请你们观察一下它们是怎么搭得更稳更高的。

师：原来，只要底部搭得够稳，上面才能搭得够高。

师：好，现在小朋友们开始你们的搭建游戏吧。

（教师来回巡视，并加以指导）

（十分钟到了）师：好了，小朋友们，时间到啦，请你们停止手上的工作，站到你们的作品后面。

幼儿已经全部在自己小组的位置站好，老师一一走到每组小组成员面前查看搭建完的作品，看看哪组搭得最高且比较稳固。

五、活动延伸

尝试多种物品的叠高。

师：今天，我们做了一次建筑师，用这些瓶子和纸盘造了这么高、这么漂亮的楼房，还发现了很多叠高叠稳的秘密，真了不起！生活中还有什么材料可以用来玩叠叠高游戏呢？比如：盒子、罐子……让我们再去找一找、试一试，好吗？

第六章 冬至

冬至又称“冬节”“贺冬”，既是节日也是节气之一。古人对冬至的说法是：阴极之至，阳气始生，日南至，日短之至，日影长之至，故曰“冬至”。冬至是一年中白昼最短、夜晚最长的一天。

在古代，冬至这一天朝廷君臣有祭天大典，民间百姓也要祭祖、团圆、拜长者、说贺语，热闹程度不亚于过年。因此，冬至又被称为“小年”或“亚岁”。民间甚至有“冬至大如年”的说法，可见其重要性。

第一节
冬至的由来和习俗

一、冬至的由来

冬至又称“冬节”“贺冬”，是二十四节气、八大天象类节气之一，与夏至相对。古人对冬至的说法是：阴极之至，阳气始生，日南至，日短之至，日影长之至，故曰“冬至”。

冬至作为中国传统节日，至今已有2500多年的历史。据记载，周秦时代以冬十一月为正月，以冬至为岁首过新年。《汉书》有云：“冬至阳气起，君道长，故贺……”因此，人们最初过冬至节是为了庆祝新的一年的到来。古人认为自冬至起，天地阳气开始兴作渐强，代表下一个循环开始，是大吉之日。因此，后来一般在春节期间出现的祭祖、家庭聚餐等习俗，也往往会出现在冬至。冬至又被称为“小年”，一是说明年关将近，余日不多；二是代表了冬至的重要性。

周历的正月为夏历的十一月，即我们现在的十一月，所以拜岁和贺冬并没有分别。直到汉武帝采用夏历后，才把正月和冬至分开。因此，到了汉代，冬至才成为独立的节日，到了唐宋时期尤为盛行，流传至今。汉代冬至也被称为“冬节”，官府要举行祝贺仪式，即”贺冬”，官方例行放假，且流行互贺的”拜冬”礼俗。《后汉书》中有这样的记载：“冬至前后，君子安身静体，百官绝事，不听政，择吉辰而后省事。”所以这天朝廷上下要放假休息，军队待命，边塞闭关，商旅停业，亲朋各以美食相赠，相互拜访，欢乐地过一个“安身静体”的节日。

魏晋六朝时，冬至被称为“亚岁”，民众要向父母长辈拜节；宋朝以后，冬至逐渐成为祭祀祖先和神灵的节庆活动。唐、宋时期，冬至是祭天祀祖的日子，皇帝在这天要到郊外举行祭天大典，百姓在这一天要向父母尊长祭拜。明、清两代，皇帝均有祭天大典，谓之”冬至郊天”。宫内要举行百官向皇帝呈递贺表的仪式，还要互相投刺祝贺。

民间以冬至日的天气好坏与来到的先后，来预测往后的天气。俗语说：“冬至在月头，要冷在年底；冬至在月尾，要冷在正月；冬至在月中，无雪也没霜。”这是依据冬至日到来的早晚，推测寒流到来的早晚。另外还有：“冬至黑，过年疏；冬至疏，过年黑。”则说的是冬至这天如果没有太阳，那么过年一定晴天；反之，如果冬至放晴，过年就会下雨。

冬至节的传统习俗一般是吃饺子、馄饨、汤圆等。

二、冬至的习俗

吃饺子

在我们中国北方大部分地区，有冬至吃饺子的节日习俗。吃饺子，又称吃“捏冻耳朵”，源于汉代的一个传说。相传张仲景在长沙做官，当他告老还乡时，恰逢大雪纷飞的冬天，寒风刺骨，很多人的耳朵都被冻烂了。他非常难过，便吩咐弟子在南阳关东搭起棚子，将羊肉、辣椒和一些驱寒的药材放在锅里煮熟，然后将羊皮捞起来剁碎，用面皮包成耳朵的样子，再放到锅里煮熟，施舍给百姓吃。大家吃了以后，耳朵就都好了。因此，后来每逢冬至，人们就模仿着做“捏冻耳朵”吃，后世逐渐称其为“饺子”。

吃馄饨

冬至吃馄饨，最早流行于南宋。相传宋高宗赵构非常爱吃御厨做的馄饨。有一次，由于馄饨没有煮熟，这位御厨要被送去大理寺治罪，但因为只有这位御厨会做馄饨，赵构就赦免了他。后来馄饨的制作方法逐渐流传到民间，品种和花样也越来越多。每逢冬至，家家户户都开始包馄饨吃，也因此有了“冬至馄饨夏至面”的说法。

吃汤圆

明清时代，出现了冬至节吃汤圆的习俗。尤其是在江南一带，汤圆成为冬至必备的食品，意味着“团圆”“圆满”，象征着家庭的和谐与吉祥。

第二节
潮汕冬至习俗

冬至，潮人称为冬节，是在传统二十四气节中的冬至这一天。潮汕人把冬至当小年过，俗语说：“吃过冬节丸，就算大一年（岁）。”潮汕冬节的习俗主要是吃汤圆（冬节丸）、吃胶罗钱（一种类似糍粑的小吃）、扫墓和谢神。

一、冬节丸

图6-1　冬节丸

冬节丸，是一种由糯米粉做成的没有馅的丸子。潮汕一带，冬节前，家家户户都要舂糯米粉末儿，做糯米丸。到冬节前一天，吃过晚饭，家中主妇就张罗把一个大葫（浅沿的筐箩）摆在矮凳上，把糯米粉末儿揉成团。然后，一家人无论大小都围坐四周，各自捏取粉团搓成弹珠大的冬节丸。有些人故意搓一些大小参差不齐的，这叫“父子公孙圆”，象征岁暮之际，一家人圆圆满满。冬节日天亮之前，勤劳的主妇就用红糖煮熟“冬节丸”。旧时煮冬节丸是这样：先煮好红糖汤，水开之后将丸子下锅，煮成汤圆，也叫甜丸。首先盛一些于碗内祭拜祖先及司命帝君等，然后叫大人小孩们起床吃上一碗冬节丸，这样才算添了一岁。俗话说“冬节丸无食天唔光（亮）”“食了冬节丸大一岁”。

在农村，冬节丸除了食用外，还有个特别的用途，即在门框、碓臼、炉灶、米缸、犁耙、水车、门环、牛栏、猪圈以及猪、鸡、鹅、牛等牲畜身上粘贴二粒糯米丸，祈神保护，祝祷牲畜平安过冬，新年健旺。潮汕有一首童谣《年年冬节边》歌唱的就是冬至吃汤圆的习俗：

年年冬节边，家家户户在舂米；
舂米做乜事？舂米来挲圆。
一粒搭粟箪，一粒搭门边。
搭了好乜事？人呾搭了平平安安卖唔见。

二、胶罗钱

按照潮汕习俗，冬至这天都要吃胶罗钱。胶罗钱是一种用糯米、芝麻、白糖、花生制作而成的甜品，有点像“糯米糍”“糍粑”，是潮汕人喜爱的传统甜点之一。

图6–2　胶罗钱

三、冬至茧

在揭阳惠来县等海边乡镇，冬节要制作一种粿，叫“冬节茧”，一般在冬至日用来拜神，也只有冬至这一天才制作冬至茧。冬节茧的粿馅分荤、素两种。蒜白、白菜干、萝卜丝干，这几种做馅比较主流。其制作过程是：白米漂洗浸泡，晒干后舂成米粉；加入开水揉至柔软，拌制成圆状皮，茧子粿皮便算是完成。蒜白切碎，加鲜肉、虾仁、芹菜、水发香菇、鱿鱼脯等为主要原料，切成幼丁，调入精盐、味精等配料，搅拌作粿馅。在茧子皮里捏出适量的粉团，推成小粒，搓成圆形，双手合作，用大拇指将圆形粉团往下推成杯口般大、有底的小布袋，放入馅，将粿皮包馅对折结口，形成三角状，制成后蒸熟，点上“花红”，以示喜庆吉祥。

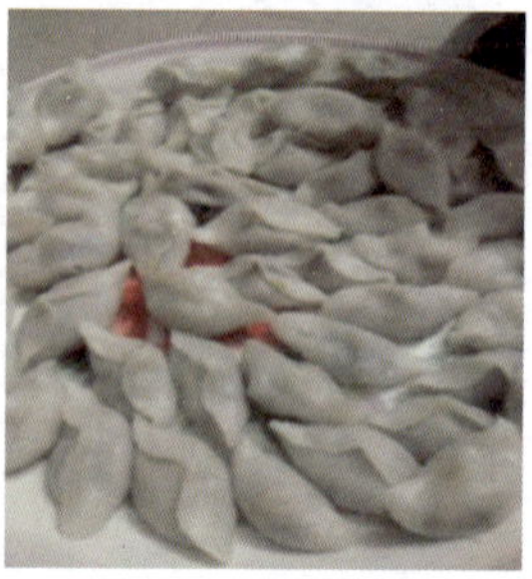
图6–3　冬至茧

第三节 “冬至”诗歌赏读

冬至儿歌

一

冬至到，冬至到；南馄饨，北方饺；
暖暖和和吃一碗，保你耳朵冻不掉。
冬至到，冬至到，敬祖宗，把墓扫；
会亲访友拜老师，平安幸福乐陶陶。
冬至到，冬至到，这一夜，最长了；
甜甜蜜蜜睡一觉，明天太阳会更好。

二

一九二九不出手，三九四九冰上走，
五九六九沿河看柳，七九河开八九雁来，
九九加一九，耕牛遍地走。

赏析

这首童谣的大意是说，从“冬至”之日起，冬天算正式到来，“九九歌”就是根据人们对寒冷的感觉表现出气候的变化。待“九九加一九”之时，冬天就算过完，春天真正到来了。

三

冬至冬至，天之生日。
天坛盛祭，天子亲致。
冬至冬至，天之生日。
阳长阴消，天下大治。
冬至冬至，天之生日。
昼短夜长，君子静之。
冬至冬至，天之生日。
数过九九，春来燕至。

潮汕童谣

（一）

家家捣米做汤圆，知是明朝冬至天。
冬节夜，啰啰长，甜丸未煮天唔光。

（二）

年年冬节边，家家户户在舂米；
舂米做乜事？舂米来挲圆。
一粒搭粟篳，一粒搭门边。
搭了好乜事？
人咀搭了平平安安卖唔见。

辛酉冬至

［宋］陆游

今日日南至，吾门方寂然。
家贫轻过节，身老怯增年。
毕祭皆扶拜，分盘独早眠。
惟应探春梦，已绕镜湖边。

赏析

此诗是宋朝著名文学家陆游的代表作品之一。诗中诗人写到了冬至的气候特点“日南至”，也写到了民间风俗，过了冬至就大一岁，诗人年纪已大不愿面对年岁增长的事实，再也不像少年一样盼望过年，反倒很怕过节，因为冬至一到，意味着春节也不远了。因年纪老迈，所以完成冬至祭祀之后打算早早就躺下休息了，但是那探寻春天的梦，却已经飞跃到镜湖边打探春天的消息了。虽然诗人在前三联写到他生活困顿，年纪老迈，似乎对节日、对生活没有什么兴趣、没有期盼，但是最后一联却来了一个转折，就在这样一种困顿的生活中，在冬至这个吉日里，诗人内心依然忍不住有着对春天的期盼。

冬　至

［宋］陈造

至节占天意，丰登又必然。
相风绿漪静，宾日矞云鲜。
比屋皆生意，穷阎[1]有醉眠。
端容衰病宰，索句海山前。

注释

①穷阎：指陋巷，穷人住的里巷。出处《荀子·儒效》："虽隐于穷阎漏屋，人莫不贵之，贵道存也。"

赏析

此诗写冬至日的吉庆祥瑞，普天同庆的情景。首联呼应诗题，点明写作时间"冬至"，古人有通过观察冬至天气预测往后气候的习惯。诗人通过冬至这天的天气，预测也是期盼接下来的一年又是一个丰收年。在冬至这个阳气渐长的吉日里，到处都在庆祝节日，处处充满了生机，就连陋巷里，也有喝醉了的人。而衰弱多病的诗人，也在节日里赋诗庆贺。

冬至

［宋］朱淑真

黄钟应律[①]好风催，阴伏阳升淑气回。
葵影便移长至日，梅花先趁小寒开。
八神表日占和岁，六管飞葭动细灰。
已有岸旁迎腊柳，参差又欲领春来。

注释

①黄钟应律：依照《礼记月令》，一年十二月正好和十二乐律相适应，一月一律。黄钟应律，即指黄钟律管应和了万年历象，此时和风已起，大自然应时之变，阴气下伏，阳气上行，暖气回升。

赏析

朱淑真是宋代女诗人。诗中描写了一个喜庆热闹节日：击乐声声，阳气回升，葵影移动，寒梅花开。"已有岸旁迎腊柳，参差又欲领春来"，春天，就这样在冬至大节过后，随着阳气渐升回到人间。这是朱淑真在冬至写的一首应景诗，也让我们看到了古人对冬至节气的重视。

第四节
多领域“冬至”主题教育活动设计

艺术领域活动：绘画“冬日小柿子”

（适用班级：大班）

一、活动目标

1. 了解认识冬至的意义。
2. 分析北方和南方过冬至习俗的区别。

二、活动准备

牛皮纸、白色和红色卡纸、勾线笔、水粉笔、颜料、棉棒。

三、活动过程

（一）观察图片

观察图片上柿子的形状以及柿子树的生长方式。如图6–4。

图6–4

（二）制作过程

1. 在牛皮纸上画出屋檐。如图6–5。

图6–5

2. 根据屋檐的大小，用白色卡纸剪出长方形做成屋子，然后分别贴在红色卡纸上，再画出窗户。如图6–6。

图6–6

3. 用黑色笔画出树干、树枝，注意要有粗细变化。如图6–7。

图6–7

4. 用白色笔在树干和屋檐上画出积雪的样子。如图6-8。

图6-8

5. 用棉棒印出柿子的样子，注意柿子的大小，再给每个柿子画上果脐。如图6-9。

图6-9

艺术领域活动：潮汕美食“胶罗钱”①

（适用班级：大班）

一、设计意图

冬至在我国是一个比较重要的传统节日。每年的冬至，各个地方都有自己的习俗，在潮汕地区有的吃汤圆，有的吃“胶罗钱”。较为有特色的是“胶罗钱”，代表了人们在冬至这天对于团圆的庆祝。本次活动我们可以通过让幼儿制作冬至吃的“胶罗钱”

① 揭阳职业技术学院师范教育系学前教育专业五年制173班温雅琳作品。

感受冬至的气氛及潮汕传统美食。

图6-10

二、活动目标

1. 初步了解冬至与胶罗钱的意义，掌握制作胶罗钱的基本步骤。

2. 能独立或与人合作制作胶罗钱，体会劳动的快乐，激发爱劳动的情感。

三、活动准备

制作胶罗钱的原料：糯米粉、芝麻、花生碎、白砂糖。

四、活动过程

1. 谈话导入，激发幼儿兴趣。

师：过几天就是冬至了，我们家家户户都要吃汤圆、吃胶罗钱。你们知道胶罗钱是怎么做出来的吗？

师：小朋友吃过胶罗钱吗？

师：你们还记得胶罗钱是什么样的吗？

师：看来小朋友很喜欢吃胶罗钱，说得很棒。

师：谁知道胶罗钱是用什么做的？

师：今天，老师就带小朋友去看一看胶罗钱到底用什么做。

2. 了解胶罗钱的制作材料、工具。

（1）幼儿观看制作视频。

（2）展示材料。

师：小朋友，这是什么呀？（向幼儿逐一展示材料）

师：白色的是糯米粉，黄色的是花生碎，透明的是白砂糖，黑色的是芝麻。

糯米粉　花生碎　白砂糖　芝麻

图6-11

3. 带领幼儿一起制作。

（1）将糯米粉倒入盆中。

（2）加入温水搅拌成黏稠状。

（3）在另一盆中抹上玉米油。

将糯米粉倒入盆中　加水搅拌至无颗粒　玉米油

图6-12

（4）将米浆倒入有油的盆中。

（5）水开上锅蒸10～15分钟（这一步由食堂阿姨制作）。

将米浆倒入有油的盆中　蒸糯米粉

图6-13

（6）将花生碎、芝麻、白糖搅拌在一起。

（7）将蒸好的米浆用勺子或筷子勺起团成圆状，将其倒入花生芝麻里面滚一滚，让糯米团粘满花生芝麻糖。

芝麻/花生/糖搅拌　蘸料　装盘

图6-14

（8）最后装入盘子中。

4．教师与幼儿共同品尝。

师：你们来尝尝自己制作出来的胶罗钱。

师：这个好吃吗？（幼儿品尝）

5. 小结。

师：小朋友，我们动手做的胶罗钱好吃吗？

师：做出这么好吃的胶罗钱要付出很辛苦的劳动，可见我们的粮食来得是多么不容易！我们不仅要爱惜粮食，而且要尊重劳动人民的劳动成果。

五、活动延伸

师：小朋友，我们观看了制作胶罗钱的过程，也学习了如何制作胶罗钱，让我们回家跟爸爸妈妈一起制作好吃的胶罗钱吧。

健康领域活动：冬至包饺子

（适用班级：中班）

一、设计意图

让幼儿了解冬至的来历，知道一些地区特殊的冬至食品，萌发对中国优秀传统文化的兴趣，并且在实践中体验冬至的快乐。

二、活动目标

1. 知道北方冬至吃饺子的传统习俗。
2. 用团圆、压扁、包裹橡皮泥的技能制作饺子皮和饺子馅。
3. 和朋友们介绍和分享自己做的饺子，体验冬至节日的欢乐气氛。

三、活动准备

1. 经验准备：幼儿对冬至及饺子有一定的了解和认知。
2. 课件准备：《冬至》动画视频、包饺子视频、包饺子步骤图。
3. 材料准备：各色黏土、塑料刀或食用面团、馅料。

四、活动过程

1. 教师播放视频动画《冬至》，引导幼儿了解冬至的习俗，引出饺子主题。

师：小朋友们在冬至那天会吃什么呀？

生：汤圆！

师：但是视频里面的中国人吃的是什么呀？

生：饺子！

师：没错。其实啊，北方人不像我们南方人，他们在冬至会吃饺子。饺子和汤圆一样，代表着团圆，代表着对家人和客人的祝福。

2. 讨论引起兴趣。

①出示小伙伴做饺子的图片，引起幼儿做饺子的兴趣。

②出示一个制作好的饺子的图片，引导幼儿观察并论。

师：饺子是什么样的？你们在家里包过饺子吗？饺子要怎么包呢？

3. 包饺子。

播放视频《包饺子》，引导幼儿初步了解包饺子的方法和步骤；出示包饺子分步骤图，鼓励幼儿用黏土尝试包饺子。

①制作饺子皮：选择喜欢颜色的黏土，两只小手搓一搓，搓成圆球，再用手掌把圆球压薄，压成圆圆片。

②制作饺子馅：选择喜欢颜色的黏土，切碎或团圆。

③包饺子：用皮包住馅，用大拇指和食指把两边捏在一起，一个饺子就做好啦。

图6–15

教师巡回观察，给予指导，鼓励幼儿独立制作饺子。

4. 分享展示劳动成果。

教师鼓励幼儿分享和展示自己的作品。

师：你的饺子是什么形状的？它有什么特别的地方？你的饺子是什么馅的？

五、活动延伸

区域活动：在美工区投放做饺子的材料，让幼儿制作不同样式的饺子并展示。

家园共育：让幼儿回家尝试和家人一起包一顿饺子，体会冬至的温馨气氛。

艺术领域活动：手工+绘画“做汤圆啦”

（适用班级：小班）

一、活动目标

1. 了解认识冬至的意义。
2. 了解不同地区冬至的风俗习惯和风土人情。
3. 尝试运用不同的表情去表达情绪。

二、活动准备

圆形牛皮纸、笔、各色轻黏土、面粉。

三、活动过程

（一）观察图片

观察汤圆的外形和制作过程，分析汤圆都有哪些馅料。如图6–16。

图6–16

（二）讲故事

讲述潮汕地区在冬至这天吃完汤圆长一岁的故事。

（三）制作过程

1. 画出用竹子编织的大盘子。如图6–17。

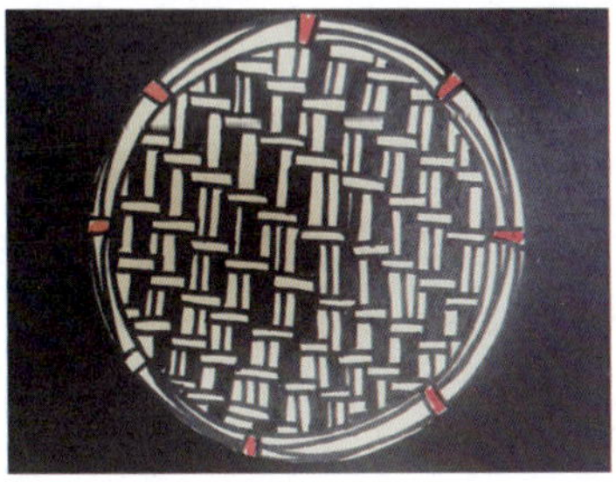

图6–17

2. 取出黏土，搓成一个个的汤圆贴在上面。如图6–18。

图6–18

3. 撒上面粉，完成作品。如图6–19。

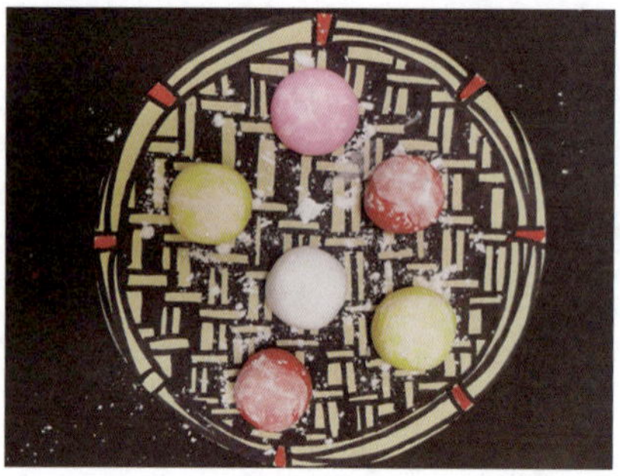

图6–19

多领域教学活动：香香的饺子

（适用班级：小班、中班）

一、设计意图

通过包饺子活动，让孩子学会分享劳动成果，培养幼儿热爱家人的感情。

二、活动目标

1. 能够进行简单的半开放式主题对话交流，学习掌握句型“我把饺子给 × × 吃”，并能进行句型仿编：我把 × × 给 × × 吃。

2. 通过活动，让孩子学会分享劳动成果，培养幼儿热爱家人的感情。

三、活动重、难点

1. 重点：能够进行简单的半开放式主题对话交流，学习掌握句型“我把饺子送给××吃”。

2. 难点：掌握句型“我把饺子送给××吃”，并能进行句型仿编：我把××送给××吃。

四、活动准备

1. 知识经验：幼儿在生活中吃过饺子，已经了解一些相关知识。

2. 物质准备：儿歌《包饺子》、实物饺子、小朋友做好的橡皮泥手工饺子、水果模型、小动物模型、家庭成员的手指偶。

五、活动过程

1. 用点名法检查助听器的工作状态，听到名字的小朋友和老师击掌问好。

2. 活动导入，播放儿歌《包饺子》，然后做手指操，直接引出主题。

羊妈妈（双手比自己，一蹲一站）

包饺子（一只手把另一只手的五指往内、往外来回扳）

中间突起（双手握拳）

两边翘（大拇指、小指升起，做“六”的手势）

有的像小船，有的像元宝（两只手半举并左右摇动）

师：儿歌里，羊妈妈包什么？

幼：羊妈妈包饺子。

3. 出示实物饺子，进行简单的半开放式主题对话交流。请幼儿观察、讲述饺子的外形特征，并用自己的语言讲述自己吃饺子的经历。

师：小朋友们看一看，饺子长什么样子？

幼：饺子像小船，像元宝，还像橘子瓣儿……

师：你们吃过饺子吗？什么时候吃的？

师：冬至的时候，我们一定要吃饺子，要不然，耳朵都冻掉了。

师：饺子好吃不好吃？饺子里面有什么？

幼：饺子很好吃。饺子里面有各种各样的馅儿。有鸡蛋，有韭菜，有肉……

师：你们喜欢吃饺子吗？你们会不会做饺子？

4. 请小动物吃饺子，练习句型：我把饺子送给××吃。

师：“喵喵喵”，小猫来了，它说它闻到小朋友做的饺子真香！它也想吃饺子，谁想让小猫吃饺子？

师：小猫说：谢谢你，你的饺子真好吃。小狗小狗，你怎么了？你也想吃饺子吗？那么谁想让小狗吃饺子？（引导幼儿练习表达：我把饺子送给××吃）

5. 学习仿编："我把 × × 送给 × × 吃"的句式，通过"我爱我家"游戏，学习仿编句式。幼儿通过教师引导学习仿编句子，我们也请爸爸妈妈吃水果吧。

如：我把苹果送给爸爸吃。我把香蕉送给妈妈吃……

6. 老师总结，活动结束。

六、活动延伸

分享参与的快乐。

第七章 除夕

除夕，是农历一年中的最后一个夜晚，即春节的前一天晚上。除夕是除旧布新、阖家团圆、祭祀祖先的日子，与清明节、七月半、重阳节一样是中国民间传统的祭祖大节。除夕，在中国人心中是具有特殊意义的。在这个年末最重要的日子，漂泊在外的游子不管与家乡的距离有多远，也要赶着回家和家人团聚，在爆竹声中辞旧岁，在对新年的期盼中喜迎新春。

第一节 除夕的由来和习俗

一、除夕的由来

大年三十，也就是除夕。除夕来自先秦时期的逐除的习俗。据《吕氏春秋·季冬纪》记载，古人在新年的前一天用击鼓的方法来驱逐“疫病之鬼”，这就是“除夕”节的由来。最早提及“除夕”这一名称的，据传是西晋周处撰写的《风土记》等史籍。周、秦时期，每年将尽的时候，皇宫里要举行“大傩”的仪式，击鼓驱逐疫病之鬼，称为“逐除”，后又称除夕的前一天为小除，即小年夜；除夕为大除，即大年夜。

汉以后，逐除之俗改在除日，谓之“驱傩”。举行驱傩仪式时，驱傩者戴假面，武神而行，谓如此便可驱祟。此俗宫廷中亦盛行，参加者多至千人。宋代开始，出现了燃放纸裹火药的爆竹。除夕夜红烛高烧，爆竹声不绝于耳，民间与宫廷，并无例外。当天晚上，全家老小围炉团坐，通夕不眠，谓之“守岁”。到了晋代，还出现了“分岁”，寓意除夕是新旧年交替的分界线。除夕夜全家齐聚一堂，摆酒聚餐，开怀畅饮，称“分岁酒”。后世大年夜合家团聚、吃年夜饭的习俗，便是由此而来。

关于除夕还有一个传说，就是关于野兽“年”的传说，前面第一章我们已经讲过，此处就不再赘述。

其实，一个民族的风俗习惯是由自然环境、生产力水平、生产方式、重大历史事件和重要人物的影响而代代相传、逐渐形成的。风俗习惯是一定社会历史条件和生产力水平下的产物，具有深刻的社会根源、历史根源和自然根源，因此只要民族存在，形成这种风俗习惯的社会、历史和自然根源不变，民族风俗习惯就会长期存在。

二、除夕的习俗

除夕这天，我们世代相传的风俗习惯主要有吃团年饭、送压岁钱、贴春联（窗花）和守岁。

团年饭

除夕夜这天，外出的家人都得赶回家团聚。“有钱无钱，返内（回家）过年”。晚上全家吃团圆饭，即“团年饭”，也称“年夜饭”。饭后不得先行离桌，意为团团圆圆；饭菜也必须有剩且不能倒掉，意为年年有余。

压岁钱

年夜饭后，长辈要将事先准备好的压岁钱派发给晚辈，据说压岁钱可以压住邪祟，晚辈得到压岁钱就可以平平安安度过一岁。压岁钱寓意辟邪驱鬼，保佑平安，这也是其最初的用意。因为人们认为小孩容易受鬼祟的侵害，所以要用压岁钱压祟驱邪。

长辈派钱给后辈，而能挣钱的后辈也同样要送钱给长辈。这些钱要很讲究地装在一个利市包（红包）中，或者用一块红纸包着，俗称为“压肚腰”，意谓一年从头到尾，腰包里都会满满当当。

春联

春联，是过年时所贴的红色喜庆元素“年红”中的一个种类。它以对仗工整、简洁精巧的文字描绘美好形象，抒发美好愿望，是中国特有的文学形式。贴春联是人们过年的重要习俗。当人们在自己的家门口贴年红（春联和福字等）的时候，意味着过春节正式拉开序幕。

春联的来源是春贴，古人在立春日多贴“宜春”二字，后渐渐发展为春联，表达了中国劳动人民一种辟邪除灾、迎祥纳福的美好愿望。传说唐朝的唐太宗觉得手下的大将中尉迟恭和秦叔宝两位最霸气，于是就钦点他俩守宫门。自从尉迟恭和秦叔宝守宫门之后，唐太宗每天晚上都睡得很踏实，皇宫也变得很安宁。民间的老百姓也希望家宅安宁，所以他们就把尉迟恭和秦叔宝的画像刻在桃木板上，挂在大门口，尉迟恭和秦叔宝就成了门神了。为什么要用桃木呢？古人认为桃木的颜色是红的，红色有吉祥、驱鬼除祟的效果，所以就把门神像刻在桃木板上了，这就是桃符。渐渐地，人们觉得木头刻着麻烦，就用红纸代替，于是就把门神画在纸上，大门左边贴一个凶凶的尉迟恭，右边贴一个狠狠的秦叔宝。又渐渐地，人们觉得老贴一对凶神恶煞的粗汉子在门口也没新意，所以就改成了在红纸上写各种吉利的话贴在门上，这就是“春贴”。后来，吉利话越写越讲究，就变成了春联了。我们现在过年贴春联，就是从宋代人们挂的桃符演变来的。北宋王安石写过一首关于春节的诗，题目叫《元日》，内容是：“爆竹声中一岁除，春风送暖入屠苏。千门万户曈曈日，总把新桃换旧符。”写的就是北宋都城汴京（今开封）过年时家家户户门口挂新桃符的风俗。

守岁

除夕守岁是年俗活动之一，由来已久。除夕晚上，每家每户都点燃岁火，合家欢聚，并守“岁火”不让其熄灭，等着辞旧迎新的时刻到来。除夕之夜，全家团聚在一起，吃过年夜饭，点起蜡烛或油灯，围坐炉旁闲聊，通宵守夜，象征着把一切邪瘟病疫照跑驱走，期待着新的一年吉祥如意。灯火通宵不灭，曰“燃灯照岁”或“点岁火”，所有房子都点上灯烛，还要专门在床底点灯烛，遍燃灯烛，谓之“照虚耗”，据说如此照过之后，就会使来年家中财富充实。

第二节
潮汕除夕习俗

农历腊月的最末一天称岁除，这天晚上称除夕，潮汕习俗谓之“过年”“过年夜”。

除夕前家家户户都要进行大扫除，用物和被帐都要清洗，谓之“采囥”。采囥的民俗寓意是把一年来的晦气都清理出去，用干净整洁的新气象迎接新春的到来。采囥完成之后，人们便开始忙碌张罗备办各式年货了：买鸡、鹅、鸭、鱼、肉，添置新衣裳；新购家具、器皿，选购年画、春联等。年货中尤其要买柑橘、青橄榄等象征吉祥如意的水果和迎送亲友的佳果。旧俗过年前，男必新理发，女必“挽面”，现女子多为烫发美容。

除夕这天，按旧时风俗潮汕人除了祭拜祖宗外，还要祭拜其他神。当天晚上家里的水缸要装满水，米缸要填满米，灯火也不能熄灭，以象征“岁岁有余”“年年不断炊”的好兆头。

一、吃团年饭（围炉）

除夕这天是家中主妇最为忙碌的一天，因为她要制作这一年当中最丰盛、最富意义的一顿饭——团年饭，潮汕也叫“围炉”。除夕围炉的形式，古时是在厅堂正中设一个红泥小火炉，一家子围着炉火边吃晚饭，边取暖畅谈。清光绪《海阳县志》载：“除夕，设火炉于厅，相围而食，谓之围炉。”随着岁月的递嬗，炉具沿革为铜制炉筒心与锡制菜盆联结在一起的小火炉，叫“火哥”。这种小火炉既可盛菜热汤，又可添炭加火置于宴桌正中。随着社会的进步，“火哥”又被方便快捷的电磁炉代替了。无论采取何种方式，家人围桌吃饭，也称作“围炉”。围炉的菜式喜欢取象征吉祥的谐音字，如发菜谐音“发财”，有鱼谐音“有余”，吃猪肠猪血炒蒜，寄意“会盘算，长长发”，蚶是沿海地带能买到的特有风俗食物，因它是两片贝壳相合，故潮俗又将蚶叫“合倍赚”“蚶壳钱”。吃蚶象征从事经营“合倍赚”，能挣钱、存钱。围炉要早，越早越好，“早食早发”。

图7-1　吃团年饭

团年饭，顾名思义，是一家在过年时欢聚在一起吃饭，连故去的祖先也不忘记的。传统的潮汕风俗是在吃团年饭之前先祭祖。祭祖仪式充分体现出潮人慎终追远、百善孝为先的传统美德。祭毕，祭品也可以加入到当晚的团年饭菜中。因为除夕的这顿饭具有特别的意义，所以，家里有在外地工作的人，都会在除夕这天赶回家与家人一起吃团年饭。一家人聚在一起吃饭，寓意长长久久、团团圆圆。

二、压岁钱

围炉之后，父母就要给未成年的孩子和长辈送压腰钱，而工作了的子女也要给父母等长辈送压腰钱。压腰钱多少不拘，但得用红纸包起来（现在有专门的利是袋装），送压岁钱时还会说一些吉利的话，寄托期望。压岁钱俗称“压腰钱”，寓意一年从头到尾，腰包里都会满满实实、富富裕裕，是潮汕过年习俗中重要的一项。

图7-2　压岁钱

三、贴春联

潮汕除夕贴春联这个习俗与全国其他地方一样。

春联，潮汕地区也叫“对联”。春联是中华优秀传统文化中一种特殊的民间文艺形式，长盛不衰。潮汕人对春联更是重视，年末买一副什么春联往往要琢磨很久，因为门上贴的春联，是人们对新的一年的期盼和愿望。各家各户所贴的春联，体现的是不同的审美情趣和价值观念，其中较多地反映了潮汕人勤劳上进、勤俭持家、团结和睦的精神，如：“和睦一家添百福，平安二字值千金”等。在潮汕春联中，最有名的莫过于明朝状元林大钦撰写的一副对联了。传说林大钦未中举前，曾在一户人家当私塾先生，大年初一的时候，主人家老夫人过生日，便请来教书先生林大钦撰写春联、寿联。只见林大钦提笔蘸墨，稍加思索，便挥毫写下：“天增岁月人增寿，春满乾坤福满堂。”这副对联迎春祝寿兼而有之，一直以来都很受潮汕人民的喜爱，现在依然能在商店售卖的春联中看到它。

除夕晚上，围炉之后，妇女们忙着收拾碗筷，男人们则把原先准备好的春联拿出来，贴到大门口，期盼来年一帆风顺，顺心如意。

四、守岁

过年夜守岁之俗十分普遍。守候新春来临，通宵不眠。潮俗除夕之夜守岁，一家人品茶话旧，玩些休闲性的游戏如打扑克等，守岁迎新春。现在，收看中央电视台的春节联欢晚会节目，也成了守岁的休闲性节目之一。当守至深夜子时之际，家家户户鞭炮齐鸣，点灯笼上香，迎春接福，跨进新年。如今，从环保和安全的角度考虑，很多地方都禁止燃放鞭炮，采用电子鞭炮代替了。

第三节
“除夕”诗歌赏读

壬子除夕

［宋］陆游

前村后村燎火[①]明，东家西家爆竹声。
老逢新正幸强健，却视徂岁[②]何峥嵘！
儿时祝身愿事主，谈笑可使中原清。
岂知一出践忧患，敛缩岂复希功名。
雪霜满鬓觉死近，节物[③]到眼空叹惊。
蚕官社公[④]正暖热，春盘傩鼓争施行。
蓬门车马所不至，山僧野叟相逢迎。
呜呼吾曹见事晚，古俗实在蚩蚩[⑤]氓。
茆檐一笑语儿子，明当满举屠苏觥。

注释

①燎火：俗称火把。亦称燎炬。
②徂岁：往岁。
③节物：应时物，即应节的物品。
④蚕官社公：蚕官，司蚕之神也。社公：里社之神也。
⑤蚩蚩：淳朴貌。《诗经》：“氓之蚩蚩，抱布贸丝。匪来贸丝，来即我谋。”

赏析

此诗是陆游晚年所写，诗的第一、二句写村落燎火通明，在左邻右舍的爆竹声中迎来了除夕。诗人在这岁末年初的节日里回顾往昔岁月，感叹年轻时期初生牛犊不怕虎，立志高远，一心想要报效国家驱赶入侵者，没想到世事艰难人事复杂，饱经忧患之后现在已经变得胆小怕事，再也不奢求功名了。第五句开始写诗人珍惜眼前平淡的生活。白发苍苍感觉岁月不居，看着眼前除夕应节的物品，惊觉时光流逝，所剩时日不多。眼见村民们在祛疫求福的傩鼓声中，张罗着制作春盘、准备迎接春天到来的祭祀。这种种的过节风俗，质朴的山僧野叟，一切都显得那么的热闹、淳朴而充满生活气息！屋檐下诗人也不禁高兴地对孩子们说：明天我们也要满满地斟上屠苏酒，举杯庆祝！

此诗虽然也有对时政的不满和理想无法实现的惆怅，但在节日气氛的感染下，诗人更多的是抒发乡村过节的热闹以及对生活的热爱。诗中出现的除夕习俗有燃竹火、燃爆竹、制作春盘、傩鼓驱邪等等。

守　岁

［宋］苏轼

欲知垂尽①岁，有似赴壑②蛇。
修鳞③半已没，去意谁能遮。
况欲系其尾，虽勤知奈何。
儿童强④不睡，相守夜欢哗⑤。
晨鸡且勿唱，更鼓畏添挝⑥。
坐久灯烬⑦落，起看北斗斜⑧。
明年岂无年，心事恐蹉跎⑨。
努力尽今夕，少年犹可夸。

注释

①垂尽：快要结束。
②壑：山谷。
③修鳞：指长蛇的身躯。
④强：勉强。
⑤哗：一作“喧”。
⑥挝：击，敲打，此处指更鼓声。
⑦灯烬：灯花。烬，物体燃烧后剩下的部分。
⑧北斗斜：谓时已夜半。
⑨蹉跎：时间白白过去，光阴虚度。

译文

要知道快要辞别的年岁，有如游向幽壑的长蛇。长长的鳞甲一半已经不见，离去的心意谁能够拦遮！何况想系住它的尾端，虽然勤勉明知是无可奈何。儿童不睡觉努力挣扎，相守在夜间笑语喧哗。晨鸡呵，请你不要啼唱，一声声更鼓催促也叫人惧怕。长久夜坐灯花点点坠落，起身看北斗星已经横斜。明年难道再没有年节？只怕心事又会照旧失差。努力爱惜这一个夜晚，少年人意气还可以自夸。

赏析

这首诗是苏轼26岁时写于凤翔任上，时值春节，但诗人与父亲和弟弟苏辙分隔两地，因此有感而作。本诗可分为三个层次，第一层六句，以蛇蜕皮比喻时间之不可挽留，好像是在说“守岁”这个习俗没有道理，时间本来就守不住的。其实从全篇来看这是欲擒故纵的手法。

中间六句是第二个层次：“儿童强不睡，相守夜欢哗。晨鸡且勿唱，更鼓畏添挝。坐久灯烬落，起看北斗斜。”这个层次写守岁的情景。一个“强”字写出儿童过除夕的特点：明明想打瞌睡，却还要勉强欢闹。这两句是作者回味故乡的风俗，而不是他在凤翔时的情景。“坐久”两句主要是针对大人守岁所说的，实际上这是人人守岁都有过的感受，守岁久坐而起来看看时间几点了。

最后四句是第三个层次：“明年岂无年，心事恐蹉跎。努力尽今夕，少年犹可夸。”这个层次与开头第一个层次的欲擒故纵相对照，表明守岁有理，应该爱惜将逝的时光。正面交代应该守岁到除夕尽头。结尾两句化用白居易“犹有夸张少年处”，意在勉励苏辙。苏辙在京师侍奉父亲，苏轼希望两地守岁，共惜年华。这个结句含有积极奋发的意味，是点睛之笔，使全诗精神陡然振起。

《守岁》全诗诗意明白易懂，旨在勉励自己惜时如金。作者用形象的蛇蜕皮喻时间不可留，暗示要自始至终抓紧时间做事，免得时间过半，虽勤也难补于事。努力应从今日始，不要让理想抱负付诸东流。

岁除夜会乐城张少府宅

[唐] 孟浩然

畴昔通家好，相知无间然。
续明催画烛，守岁接长筵。
旧曲梅花唱，新正柏酒①传。
客行随处乐，不见度年年。

注释

①柏酒：即柏叶酒。古代习俗，谓春节饮之，可以辟邪。

译文

长期以来两家关系就很好，彼此相知亲密无间。天黑之后点起描画的红烛，排起守岁的宴席，友朋列坐其次。席间歌女唱起《梅花》旧曲，大家畅饮新蒸的柏酒，推杯换盏，间或会有行酒令的游戏。现在是四处漂泊随行处且行乐，一年一年地过去了也不见。

赏析

诗题《岁除夜会乐城张少府宅》，意为除夕夜在乐城张少府的官邸聚会。张少府（子容）是诗人孟浩然的同乡兼好友。孟浩然与张子容，既有同乡之谊，又是通家之好，加上两人年轻时曾同隐鹿门山，晨夕相处，亲密无间，此次孟浩然专程远道来访，张子容当然热情接待。除夕之夜，张子容的官邸，灯火辉煌，画烛高烧，筵备珍馐，斟柏叶酒。他们一边品尝着新酿的柏叶酒，一边畅叙着别后离情，当时内心的快乐，是难以言喻的。席间还有卢氏歌女演唱《梅花》古曲，她的婉转歌喉，更增添了两位诗人的兴会。诗歌写出了诗人与张少府的深情厚谊，同时也让我们了解到古代除夕的一些习俗。

除　夜

［宋］戴复古

扫除茅舍涤尘嚣，一炷清香拜九霄。
万物迎春送残腊①，一年结局在今宵。
生盆火烈轰鸣竹，守岁筵开听颂椒②。
野客预知农事好，三冬瑞雪未全消。

注释

①残腊：残冬。古时农历十二月为腊月。

②颂椒：椒，用椒浸制的酒。《荆楚岁时记》：“俗有岁首用椒酒，椒花芬芳，故采花以贡樽。”古代农历正月初一用椒柏酒祭祖或献之于家长以示祝寿拜贺，谓之“颂椒”。

译文

（旧岁将尽，新岁伊始）打扫屋舍，洗去往日的尘埃，燃一炷清香，祭拜天地。世间万物都在告别残冬，迎接新春的到来。过了今晚，一年就结束了。火盆里的火燃得正旺，鞭炮声不绝于耳。年夜饭开席了，听到大家用椒柏酒向长辈们敬酒的声音。农夫已经预先知道明年是个丰收年了，因为冬天的瑞雪还没有融化完。

赏析

此诗聚焦的是除夕夜一个家庭的庆祝场面，充满生活气息。房屋打扫得干干净净，祭拜天地、祖先，然后生火盆燃鞭炮，阖家团聚吃团圆饭，席间用椒柏酒向长辈拜贺新年，一边守岁，一边期盼着丰收年的到来。

第四节 多领域“除夕”主题活动设计

艺术领域活动：绘画“吃团圆饭 放烟花”

（适用班级：大班）

一、活动目标

1. 了解认识除夕的由来以及除夕的风俗习惯。
2. 观察除夕这天家里都在忙些什么，理解团圆饭的意义和感受除夕夜的气氛。
3. 利用吸管做出烟花，培养孩子的动手能力以及发现美、创造美的能力。

二、活动准备

8开黑色卡纸、8开素描纸、黑色勾线笔、水彩笔或油画棒、剪刀、红色颜料、黄色颜料、橙色颜料、吸管。

三、活动过程

（一）导入

除夕这一天家家户户都准备除旧迎新，吃团圆饭。远在外面的亲人都会在这天回到家里和家人团圆，共同过大年。大年夜，丰盛的年菜摆满一桌，阖家团聚，围坐桌旁，家人们享受一家团圆的快乐的同时也享受满桌的佳肴盛馔。在吃过年夜饭后亲人们会互相祝福，祝福大家在新的一年心想事成、万事如意。

图7–3

（二）观看照片

观看年夜饭照片，说说你最爱吃的菜。

图7–4

（三）制作“吃团圆饭放烟花”绘画过程

1. 在素描纸底部画一个半圆，上面画上各种各样的年夜饭，注意颜色要丰富一些。（如图7–5）

2. 在桌子的周围画上一家人，给他们的新衣服涂上漂亮的颜色。（如图7–6）

3. 背景画上一扇大大的中式窗户，中间用剪刀剪开向两边折过去。（图7–7）

图7–5

图7–6

图7–7

4. 将素描纸贴在黑色卡纸上。

5. 剪刀剪开吸管后撑开并蘸取颜料，可同时蘸两种不同的颜色。（图7–8）

图7–8

6. 用吸管在窗户上面印出烟花。（图7–9）

图7–9

语言领域教学活动：过年

（适用班级：大班、中班、小班）

一、导入部分

将幼儿慢慢带入活动室（活动室内的窗户上贴满窗花，棚顶上挂满彩条，门上贴上春联、福字，活动室前方挂几挂鞭炮，放《过新年》的音乐）。

（1）提问：你看到了什么，跟我们平时的活动室有什么不一样？

（2）提问：想想这些东西在什么时候会看得到？

（3）提问：看到这种场景，听到这个音乐，你有什么感觉？

二、基本部分

1. 讨论过年时是什么样的情景，小朋友每年都是怎样过春节的？

2. 出示PPT课件，帮助幼儿进一步理解春节。

（1）春节的由来，知道我国人民善良与纯朴。

（2）春节的习俗，了解我国悠久的历史及文化传统。

3. 音乐游戏，放鞭炮。

（1）播放《恭喜发财》的音乐，教师将身体蜷缩并发出爆炸声展开。

（2）指导幼儿跟着音乐做动作。

4. 春节趣事。

（1）教师出示自己过年时的一张照片，向幼儿讲述自己过年时的趣事。

（2）指导幼儿说出自己照片中的内容及趣事。

（3）引导幼儿用完整的话叙述春节为什么会这么快乐（团圆）。

5. 迎新年、送礼物。

新年快到了，我们要给亲朋好友送去祝福，小朋友可以动手做一做。

（1）教师出示准备好的工具盒，让小朋友们自己选择。

（2）幼儿可以用橡皮泥捏，也可用剪刀剪。

（3）提问：你想做一件什么样的礼物？

（4）幼儿制作，教师巡回指导。

（5）展评作品，幼儿将作品放置在展览区，指导幼儿欣赏，并大胆说出自己的看法。

三、结束部分

1. 谈话：春节快到了，今天小朋友用一个动作互相祝福好吗？

2. 教师播放《恭喜恭喜中国年》的音乐，幼儿逐个做动作或表情向老师和同学祝福。

艺术领域活动：手工+绘画“鞭炮”

（适用年级：小班）

一、活动目标

1. 了解除夕的各种庆祝仪式及历史渊源。

2. 加强对传统文化的了解及爱国热情的培养。

3. 培养孩子的动手能力以及拼贴能力。

二、活动准备

黑色卡纸、红色卡纸、黄色轻黏土、白色颜料、棉棒。

三、活动过程

（一）观察图片

观看鞭炮的图片，观察鞭炮的结构特征。如图7–10。

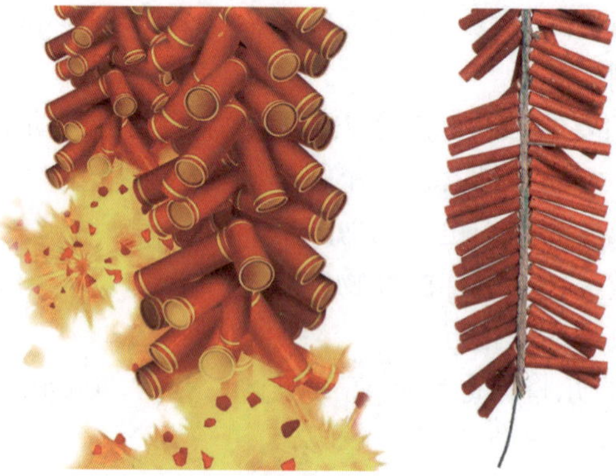

图7–10

（二）制作过程

1. 将红色卡纸剪成大小一致的长方形并在黑色卡纸上进行拼贴。如图7–11。

图7–11

2. 将黄色轻黏土搓成长条形进行装饰，并用棉棒蘸上白色颜料进行按压做出烟雾的效果。如图7–12。

3. 撕下剩余的红色卡纸碎片做出鞭炮碎营造画面氛围。如图7–13。

如图7–12

图7–13

艺术领域教学活动：剪窗花

（适用班级：大班、中班、小班）

一、设计意图

通过剪窗花，培养孩子们的动手能力。

二、活动目标

指导幼儿仔细观察后，能动手剪窗花。

三、活动准备

1．教师用材料：各种窗花的样板、示范用的蜡光纸、音乐《过新年》。
2．幼儿用材料：各种颜色的正方形蜡光纸、记号笔、剪刀、固体胶棒。

四、活动过程

（一）情境导入

教师播放音乐《过新年》，引导幼儿欣赏教室内窗户上布置的各种形状的窗花，重点观察窗花的外轮廓及镂空纹样。

指导语：看了这些美丽的窗花，你们发现了什么？这些窗花有什么特点？

小结：剪窗花是我国劳动人民的智慧结晶，是我国的传统艺术。窗花左边和右边的图案大小、形状都是相同的。

（二）探索发现

1. 教师出示剪好的窗花引导幼儿欣赏。

指导语：小朋友们，你们猜一猜，这些窗花是怎么做出来的？你们想剪什么样的窗花？

2. 引导幼儿观察步骤图，教师示范折、画、剪的方法，鼓励幼儿大胆尝试。

3. 分发蜡光纸，启发幼儿自由剪窗花，并说一说自己是怎么做的。

五、活动延伸

与家人分享剪窗花的乐趣。

健康、艺术领域活动：腊八粥

（适用班级：小班）

一、设计意图

通过拼贴画的方式让孩子们了解腊八粥食材的组成和制作过程。

二、活动目标

1. 认识常见的各种粗粮的名称。
2. 通过拼贴的形式发展手部的灵活性和协调性。
3. 体验创作带来的乐趣。

三、活动准备

1. 物质准备：腊八粥图片、各类粗粮、KT板、胶水。
2. 知识经验准备：与家人共度腊八节的经历。

四、活动过程

（一）导入（引入活动）

师：小朋友们，腊八节这天我们会做什么事情呢？你们家里吃的腊八粥是什么样子的，跟我们平常吃的白粥有什么不一样的地方呢？

（二）正式（基本部分）

1．观察各类豆子。

师：小朋友们看，这些是什么呀？老师把制作腊八粥的食材都带过来了，有没有小朋友认识这些小豆子的？

（引导幼儿大胆表述不同豆类的特征：红豆、绿豆、花生、大米、小米、黑米、薏米、红枣、莲子）

2．豆豆贴画。

（1）选择材料。

师：要熬出一碗香香甜甜的腊八粥，你会选择用哪些食材呢？接下来请小朋友们一起来做一碗甜甜的腊八粥，看看哪位小朋友做的粥最好喝。

（教师为幼儿分发用KT板提前制作好的“碗”，注意提醒幼儿，豆子不可以直接放进嘴巴里面吃，也不能塞进鼻孔、耳朵里）

（2）操作步骤。

师：现在我们要开始来制作腊八粥啦，首先我们需要先把胶水涂在我们的“碗”上面，这样才能将豆子牢牢粘住。

（提醒幼儿注意胶水的用量，不宜过多也不宜过少）

师：接下来请小朋友们把小豆子一个个粘上去，制作出一碗香香甜甜的腊八粥。

（引导幼儿注意色彩的搭配）

（3）幼儿操作，教师巡回指导。

师：小朋友们还可以用画笔为你们的碗做装饰哦，这样会让这碗腊八粥看起来更美味的！

（完成进度较快的幼儿，教师可以适当引导幼儿对作品进行补充、再创作）

（三）结束（回顾总结）

师：大家做的腊八粥看起来都很美味呀！现在请小朋友们来分享一下自己的作品，说说你都用了哪些材料，是怎么进行拼贴的。

五、活动延伸

和幼儿一起欣赏童谣《腊月歌》。

社会领域活动：致敬坚守岗位的人

（适用班级：大班）

一、设计意图

除夕之夜，是千家万户团圆之夜，在国人心中有着特殊意义，漂泊的游子也要赶着回家和家人团聚。然而，有一些人却因为职业特殊，为了我们生活的便利与安全，守着岗位无法与家人团聚。大班孩子对这些职业有一定的经验认知，借此契机，特设计此活动让孩子了解坚守岗位的人的伟大，从而萌发孩子对他们的感激之情。

二、活动目标

1. 了解过年坚守岗位的人的伟大，知道他们为我们生活带来的方便与安全。
2. 掌握新年贺卡制作的基本步骤，能自制不同的新年贺卡去感谢坚守岗位的人。
3. 萌发对过年坚守岗位的人的感激之情。

三、活动准备

“除夕夜”活动的实拍图、“坚守各岗位的人”的实拍图、《边防战士》视频、“新年贺卡”、新年贺卡制作步骤图、纸面教具《坚守岗位的人》、卡纸、剪刀、彩色笔、胶棒。

四、活动过程

（一）出示图片

出示“除夕夜”活动的实拍图，引导幼儿联系已有经验进行讨论，引出活动主题。

师：马上就要过年啦！大部分小朋友的爸爸妈妈过年时都会放假，陪伴小朋友一起快乐过新年。新年的前一天是除夕。除夕夜时，一家人会团聚在一起迎接新年，你们都会做些什么呢？

（吃年夜饭、看春晚、放烟花……）

师：做这些事情时，你的心情是怎样的？

小结：除夕夜时，我们会和家人或朋友一起吃丰盛的年夜饭、观看春晚、欣赏漂亮的烟花等，迎接新年。

（二）师幼互动

鼓励幼儿以已有经验，谈谈身边坚守岗位的人，引出活动主题。

师：和家人一起过年真开心。不过，所有的人都可以回家陪伴家人过年吗？有没有小朋友的家里人过年回不了家的？你们还知道哪些人过年时也在坚持工作？

（三）出示图片，播放视频

出示“坚守各岗位的人”的实拍图，播放《边防战士》视频，引导幼儿了解过年时坚守岗位的人的职责和辛苦，萌发孩子们的感激之情。

1. 出示“坚守岗位的人”图片，引导幼儿了解身边坚守岗位的人的辛苦，知道是他们为我们生活带来的方便与安全。

师：新年时，有的人放弃了回家过年，一直坚守在岗位上为我们服务，让更多的人能和家人团聚。让我们一起走近他们，看看他们都是谁吧。

师：图片上的人是什么职业？他在做什么？

师：新年时，如果他们也回家休息了，我们的生活可能会发生什么变化呢？

小结：我们身边的公交车司机、环卫工人、保安、医生、护士等，正因为他们放弃了回家过年，而一直坚守在自己的岗位上为我们提供服务、便利与帮助，才能让我们过上平安快乐的新年。

2. 播放视频《边防战士》，提问幼儿，引导幼儿了解坚守在特殊岗位上的人。

师：其实在离我们很远的地方也有一群特别的人。他们不仅没有回家过年，还在非常艰苦的环境中工作。我们一起来看看视频，认识一下他们吧！

师：视频里的人是谁？

（解放军、士兵、战士……）

师：边防战士在祖国边疆做什么呢？

（站岗巡逻、保卫祖国、保卫大家的安全……）

小结：为了我们每一个小家庭的平安，边防战士勇敢地守卫着祖国边疆，即使在万家团圆的新年，他们也不畏艰难，始终坚守岗位，守护我们和平的幸福生活。

3. 鼓励幼儿大胆表达对过年坚守岗位的人的感激之情。

师：新年时，还有这么多人坚守在岗位上，你想对他们说些什么？

（四）出示实物“新年贺卡”

出示实物“新年贺卡”，并分发纸面教具“坚守岗位的人”，鼓励幼儿自制新年贺卡送给身边坚守岗位的人，表达对他们的感激之情。

1. 出示组图“新年贺卡”并分发纸面教具“坚守岗位的人”，教师示范，引导幼儿了解新年贺卡的制作方法。

师：看看这个新年贺卡是怎么做的呢？选择一张小张的卡纸作为贺卡的内页，将其对折，在折痕处剪出两道一样长的口了；将剪好的卡纸向上翻折，制作阶梯形状；选择一张大一点的卡纸作为贺卡的封面，将贺卡内页和封面粘在一起；用彩笔在内页写上你想说的话并进行装饰。

2. 分发材料，鼓励幼儿自制新年贺卡。

3. 幼儿分享与展示自制贺卡。

师：你想把新年贺卡送给谁？你想对他说些什么呢？

五、活动延伸

（一）区域活动

在美工区投放手工材料，鼓励幼儿继续制作不一样的新年贺卡，向新年坚守岗位的人表示感谢。

（二）日常活动

在日常活动中，提醒幼儿珍惜他人的劳动成果与现有的幸福生活，做一些力所能及的事，养成良好的行为习惯。如不随地乱丢垃圾、排队坐车、出门戴口罩等。

（三）家园共育

请家长陪伴幼儿将新年贺卡送给身边过年时坚守岗位的人，并引导孩子用语言表达感谢；对于在较远处坚守岗位的人，家长可陪伴幼儿录制拜年视频，表达对他们的感激之情。

社会领域教学活动：节日气氛浓

（适用班级：大班、中班、小班）

一、设计意图

以节日来临前亲子活动为契机，进一步加强家庭与班级的沟通，让幼儿有展示自我的机会，加深家园情、师幼情、亲子情。

二、活动目标

1. 通过活动让家长了解幼儿在幼儿园的学习和生活情况。
2. 加强家园联系，增进家长与老师的沟通，更好地了解教师的工作。
3. 通过亲子游戏活动，提供一个增进幼儿与家长之间感情的机会。
4. 通过活动使孩子充分感受新年的欢乐。
5. 通过家长的反馈，改进幼儿园和教师自身的不足。

三、活动准备

1. 提前通知，请家长安排好时间，准时参加活动。

2. 准备活动道具、小礼品。
3. 布置富有新年欢庆气氛的环境。
4. 撰写活动方案；抓好幼儿生活技能的教育和学习。
5. 加强早操练习，展示幼儿作业、绘画作品等。

四、活动过程

1. 幼儿早操表演、亲子游戏、优秀家长颁奖。
2. 老师向家长介绍本园的教育教学情况。
3. 幼儿展示本学期所学的技能。
4. 节目表演及游戏活动

五、活动时间及程序安排

（一）活动时间

×月×日下午3点到5点10分

（二）活动程序

1. 全园活动

地点：操场
（1）3点40分之前家长签到。
（2）4点领导致辞和讲话。
（3）庆元旦幼儿早操表演、亲子游戏活动、优秀家长颁奖。
（4）节目表演及游戏活动

2. 班级活动

地点：本班教室
（1）向家长介绍本园的教育教学情况。
请家长检阅孩子们的学习成果。
（2）幼儿展示活动。
（3）交流反馈。

六、活动节目表演及游戏详情

开场白：20××年已离我们远去，20××年已悄悄地来临，欢迎家长在百忙之中参加我们今天的“庆元旦家园同乐活动”。在这喜庆的日子里，我代表本班及两位老师祝大家新年好！宝贝们也来祝爷爷奶奶、爸爸妈妈新年好。

1. 首先请欣赏《幸福拍手歌》。

2．请欣赏歌曲《玩具进行曲》。

3．接下来是家长与幼儿一起表演手语《妈妈我很好》。

4．请欣赏歌曲《走路》。

5．请欣赏歌曲《火车快开》。

6．接下来请欣赏三位老师表演手语《花好月圆》。

7．师幼与家长一起唱中英文《新年好》歌曲。

8．亲子游戏内容。

各位家长，下一个环节开始进行亲子互动。

游戏一：投篮。

准备：海洋球、纸箱子。

游戏方法：6名孩子与6位家长各站在老师事先画好的场地上，幼儿手捧纸箱，家长手拿海洋球对准孩子手上的纸箱投篮，最后宝宝纸箱内球多的为胜利者。

游戏二：我们是毛毛虫。

准备：苹果。

游戏方法：两组幼儿进行比赛，每组6名幼儿同时蹲下手拉手一起向前进去摘苹果，看哪组幼儿先摘到苹果。

游戏三：抢椅子。

准备：20把椅子。

游戏方法：21名家长手抱自己的孩子围着圆圈走，当老师的鼓声停止时家长抱着孩子坐在小椅子上，没有坐到小椅子的家长离开后，依次减少小椅子，最后占到小椅子的家长为胜利者。

游戏四：揪尾巴。

准备：彩色皱纹纸条、音乐。

游戏方法：10名家长手抱自己的孩子走，当音乐停止时，能保护好自己尾巴的家长为胜利者。

游戏五：满地开花。

准备：海洋球、纸箱子。

游戏方法：6名幼儿身背装有10个海洋球的纸箱子，在规定时间内幼儿跳高，将纸箱内的海洋球跳出，最后谁的纸箱内的海洋球最少为胜利者。

9．欢乐的时光总是过得很快，希望与美好就在不远处等待。让我们共同创造美好的明天，感谢各位家长对本次活动的大力支持。本次活动到此结束。

10．结束活动，颁发小礼品。

七、活动延伸

与家人和朋友分享除夕的习俗以及参与活动的快乐。

参考文献

[1] 马述强，梁晓华. 习近平在联合国教科文组织总部发表演讲强调 让中华文明同世界丰富多彩的文明一道 为人类提供正确的精神指引和强大的精神动力 [N]. 光明日报，2014-03-28(1).

[2] 冯雪燕，杨汉瑜. 中国传统文化 [M]. 济南：山东大学出版社，2018.

[3] 卢志宁，荆爱珍，王晴. 中华优秀传统文化 [M]. 镇江：江苏大学出版社，2022.

[4] 黄挺. 中国与重洋：潮汕简史 [M]. 北京：生活·读书·新知三联书店，2017.

[5] 叶春生，林伦伦. 潮汕民俗大典 [M]. 广州：广东人民出版社，2010.

[6] 项家庆. 幼儿游戏设计与教师成长 [M]. 北京：北京时代华文书局，2016.

[7] 谭志刚，唐广勇，彭文军. 幼儿游戏创编与指导 [M]. 长沙：湖南大学出版社，2018.

[8] 黄春梅. 略论潮汕童谣的地域文化特色 [J]. 五邑大学学报（社会科学版），2011(3)：24-27.

[9] 高丽丽. 传统节日活动与日常教育活动整合中的问题、策略及反思 [J]. 学前教育研究，2004(Z1)：89-90.

[10] 李娜，钟艳，王小红. 幼儿园教育传承中华传统节日文化的研究热点和趋势 [J]. 宿州教育学院学报，2022(1)：117-125.

[11] 李锡洁. 民俗 [M]. 汕头：汕头大学出版社，2015.

[12] 孟元老. 东京梦华录 [M]. 王水宽，注释. 郑州：中州古籍出版社，2010.